A sainte Marie des Batignolles.

1.

EFFEUILLAGE

De l'extérieur, c'est une jolie penderie à claire-voie, au premier étage de la rue de Verneuil. A l'intérieur, elle se révèle aussi déprimante qu'un éventaire de fripier. Toute la garde-robe de Serge Gainsbourg tient sur cinq planches. Quelques jeans effrangés, une collection de chemises défraîchies, blanches, kaki ou bleu amorti rangées dans les tiroirs de chêne clair tachés de traces de doigts, un blazer à rayures et un petit manteau étriqué. Une panoplie d'une stupéfiante indigence. Le vestiaire de Serge Gainsbourg se résume à son costume de scène. Comme si le prince de Galles jardinait en tenue de polo, ou si un patineur d'Holiday On Ice, à la maison, évoluait en justaucorps à strass.

La penderie est curieuse. Serge Gainsbourg ne possédait pas d'habit usuel, pour la vie usuelle. L'homme ordinaire, qui se vêt de pantalons souples et de vieux chandails, s'est confondu avec son drame, réifié au point de ne plus marcher qu'en chaussons Repetto. Il va nu-pieds dans la boue des trottoirs ou dans la neige, dans des ballerines aériennes dessinées pour frôler des planchers de danse. Il en possède des dizaines, blanches, grises parfois. Et une paire de fines bottes de danseur russe, jamais portée. Un Perfecto en reptile commandé chez Jean-Claude Jitrois, un de ces blousons qu'on arbore dans le chaud-bise en signe d'allégeance aux valeurs juvéniles, pend roide comme une armure de carton-pâte.

Des tee-shirts ternis sont découpés hâtivement autour du cou : Serge Gainsbourg dissimule ces haillons sous l'échancrure de la veste, et sans chemise apparaît nu, offert sous le décolleté. Ces vestiges vestimentaires résument la vie quotidienne du saint Sébastien de la chanson française.

Un jour, en Grèce, Greta Garbo rencontre des touristes britanniques au détour d'un sentier : « Excuse me madam, are you Greta Garbo?

– Sometimes... yes. »

Serge Gainsbourg, lui, est en permanence Gainsbarre.

Le dénuement de sa mise provoque un sentiment de malaise. Il n'y a plus d'alibi esthétique. On se sent gêné, comme à la lecture d'actes de mortification dans la biographie des saints. Pour un enquêteur, la découverte est embarrassante. Comment raconter que l'armoire ne recèle aucun secret, que tout est déjà sur les photographies? Il n'y a rien à découvrir, aucune mystification à révéler. Il faudrait interrompre la perquisition. Refermer les portes.

Derrière une planche boiteuse, le guide montre avec fierté une cache, qui dissimule un petit attirail : un album de photographies érotiques amateur, des pétasses germaniques découpées dans des revues porno, un lavement en plastique. Ce qui est insolite, c'est la cachette : un homme amateur d'érotisme, qui a ravitaillé la France en images émoustillantes, déshabillant ses compagnes dans les magazines de charme, à la maison enfouit son nécessaire. En faisant le ménage un jour, le valet a fait tomber la planche. Serge Gainsbourg est arrivé dare-dare. « Que faites-vous donc là? »

Accroché devant la penderie, le portrait en noir et blanc de Marilyn Monroe à la morgue : un employé hilare est penché sur la chambre froide, d'où ne dépasse qu'une plante de pied sous un linceul. Un cadavre devant le placard. Un autre mythe, universel et pathétique. Devenir une star, c'est déjà mourir. S'amputer, se perdre de vue. Le guide s'interpose devant le cliché, visage hilare lui aussi : il sent le visiteur déconcerté, attribuant sans doute ses sentiments à la découverte de la planque érotique.

Il y a autre chose. Le placard ne recèle rien de captieux, mais livre des évidences. Une détresse si poignante qu'elle émeut, et atteste la loyauté de Serge Gainsbourg. Le minimalisme de la panoplie témoigne de sa sincérité. Son habit de scène n'est pas un travesti. Il était devenu son personnage. Il ne trichait pas.

Dehors, des adolescents stationnent sur le trottoir, déchiffrant les graffitis de la façade. Au cimetière du Montparnasse, ils approvisionnent la tombe en offrandes. C'est sans doute ce qu'ils apprécient, chez Serge Gainsbourg : la sincérité. Un oblat. A présent, il faut le rhabiller.

L'ami

« Racontez des mensonges. C'est bien plus intéressant que la vérité, vous savez. »

Jacques Wolfsohn.

L'été, place de Breteuil. La ville est déserte. Dans l'entrée, il y a une bicyclette tout-terrain et une collection de chapeaux en désordre. Jacques Wolfsohn décide d'arrêter de fumer. Il porte une chemise pistache, surmontée d'un col pelle à tarte millésimé 1973 de couleur blanche.

Monsieur Wolfsohn a été très proche de Serge Gainsbourg. Dans ses interviews, celui-ci a adoubé deux amis officiels : Wolfsohn et Jacques Dutronc. Wolfsohn et Gainsbourg se sont connus en 1967. Françoise Hardy, dont Jacques Wolfsohn était le directeur artistique, souhaitait travailler avec Gainsbourg. Ce dernier lui a d'abord adapté *Comment te dire adieu*, plus connu sous le titre *Sous aucun prétexte* (EP Vogue EPL 8652), un délice de rimes en « ex ».

Auparavant, les deux hommes ne s'appréciaient guère. Wolfsohn jugeait Gainsbourg vaguement malsain. Il l'évitait. Leurs échanges ont été une suite de querelles et de réconciliations à propos de choses anodines. Gainsbourg refusant de passer la serpillière sur le bateau de Wolfsohn amarré en Corse. Celui-ci se fâchant. Des victoires aussi : Gainsbourg à Porquerolles, après négociations, acceptant de se baigner en slip.

Jacques Wolfsohn est peu connu du grand public et pourtant il a parrainé les plus gracieuses apparitions des années 60, Françoise Hardy et Jacques Dutronc. Une éminence grise de la variété française, donc. En 1961, Wolfsohn, principal directeur artistique de *Vogue*, où il s'occupe de Johnny Hallyday et de Petula Clark, auditionne Françoise Hardy. « Il m'a tout de suite subjuguée par sa fantaisie et son regard vert pâle, extraordinairement perçant. Tout en lui était original et drôle. » Jacques Wolfsohn ressemble à ces farfadets de plâtre qui ornent encore parfois les jardins de banlieue.

Serge Gainsbourg a écrit un rôle pour lui dans *Charlotte for ever*, le film. Jacques Wolfsohn déclare : « La vodka, ça se boit glacé », ou une chose approchante. Et c'est tout. Un hommage à son raffinement, il est fin gastronome.

« Gainsbourg est une abstraction. Les trucs faux sont plus intéressants que les trucs vrais », dit-il. En clair, le meilleur ami suggère d'inventer. Ce serait assez drôle, mais cela a déjà été fait [1]. Wolfsohn dit des choses contradictoires. « Jusqu'à *La Marseillaise*, il était normal. Un joyeux fêtard normal. A partir de *La Marseillaise*, il a suivi sa légende. Il s'est créé une image et, tout à coup, a tenté de lui ressembler. »

Jacques Wolfsohn a fait cadeau à Serge Gainsbourg d'un exemplaire original de *Jésus-Christ Rastaquouère*, de Francis Picabia. En exergue, le peintre a écrit : « J'ai connu un roi atteint de démence précoce dont la folie consistait à se croire roi. » Le chanteur étoile a-t-il saisi l'allusion ?

« Rien. Il n'y a rien à raconter. C'était un bourgeois comme les autres. Que voulez-vous que je vous dise ? Y a rien à dire. »

Jacques Wolfsohn voit que je suis désappointée. Dans sa bibliothèque, il choisit un livre et me l'offre telle une clé. *Les Saints et les stars*. Je lui donne, en échange, une biographie de Bernard Tapie, dont le succès l'intrigue. Jacques Wolfsohn décide de recommencer à fumer.

1. Un auteur malicieux a brodé 386 pages d'anecdotes fictives autour du scénario de base.

2.

GAINSBOURGRAD

« Ce type-là n'habite pas chez lui. »
Pierre Fresnay,
à propos d'un acteur
qui manquait de présence.

Une nasse de fer

La célébrité est une ascèse. Serge Gainsbourg a vécu rue de Verneuil séquestré, telle Lola Montes dans le film d'Ophuls, livré vivant au public derrière des grilles d'or. L'installation est récente. En 1988, à son retour des États-Unis où il était parti répéter avec ses musiciens avant le Zénith, Serge Gainsbourg découvrit un inconnu dans son lit. Après avoir brisé une lucarne et pris un bain, le squatter, échappé d'un asile psychiatrique, vivait dans la maison. Un serrurier posa des barreaux, comme ceux du palais de l'Élysée. Portes et fenêtres s'ornent de flèches de bronze à cabochon doré. La seule chose neuve dans une maison depuis longtemps inerte.

Lorsqu'il est mort, les sapeurs-pompiers, entravés par les grilles, ont mis du temps pour pénétrer chez lui. La police a dû démolir un balustre. Captif, Gainsbourg est mort en scène.

La maison s'est refermée sur son occupant à la façon d'une nasse de fer.

Un scénotaphe

De la porte d'entrée, on accède de plain-pied au salon. La lumière reflue et l'on pénètre dans une opacité gothique. Comme au cinéma, il faut s'habituer à ces ténèbres.

Le salon, oblong et envahi d'objets, évoque la retraite d'un receleur élégant quoique demeuré au stade anal.

De taille modeste, mais robuste, un anneau croché au lobe, le chambellan navigue dans le sanctuaire de la rue de Verneuil. La mort, le 27 juin 1993, de Fulbert Ribeaut, aide de camp, domestique de Serge Gainsbourg, libère de la parole donnée : ne pas parler de lui. Technicien de surface payé au noir, Fulbert tient à l'anonymat. Il a travaillé à Caracas, à Kinshasa et à Saïda, avant de surgir rue de Verneuil. C'est un bon guide. Il connaît les coins pittoresques. Gnome à la Vélasquez, il possède une grande conscience professionnelle, entretenant l'endroit selon les prescriptions maniaques de son maître. Gainsbourg fut-il sensible à son nom – Ribeaut comme le ribaud, le débauché, Fulbert qui rime avec Cerbère, chien des enfers? Dans le clair-obscur des lampes, Fulbert révèle des secrets avec un orgueil de guide érudit. Il est fier de son savoir. Flâner dans la maison d'un mort inconnu mais célèbre, c'est frôler un fantôme. Les murs drapés de noir créent une intimité dramatique. Le physique du Débauché contribue au fantasque de la visite.

Au sol, des dalles de travertin ornées de cabochons figurent un damier sur lequel on progresse à l'amble, tel le cavalier du jeu d'échecs. Il faut éviter le cadre de *La Chasse aux papillons* de Dali appuyé contre le Steinway. Sur la cheminée, les disques d'or s'accumulent, numismatique harpagonisante. Encadrées par la maison Cucchiarini, les unes de journaux consacrées à sa personne se détachent des murs en ombres dorées.

Certains accessoires sont aussi fameux que des monuments publics : l'écorché de carton bouilli, tête basculée, sourire crispé sur un système veineux agressif, ou *L'Homme à la tête de chou*, sculpture maraîchère de Lalanne négociée en 1977, un article de Drumont, encadré, « A bas les Juifs, vive l'armée ». Des effluves de *First*, parfum de Van Cleef et Arpels, imprègnent l'air. Muni d'un dictaphone, on réalise un inventaire aussi précis que possible, à la manière d'un commissaire-priseur. L'accumulation de marchandises étourdit.

Nulle autre couleur que le noir ne reflète mieux la lumière. Éclairages et affiches corrigent la pénombre, si attirante. Des faisceaux lumineux éclairent la crypte de lueurs laiteuses. Chaque objet est traité à la manière d'un tableau : une lampe attire le regard dans la direction d'un catalogue d'armes à feu ouvert sur le dessin d'un Browning. Une autre vers un bestiaire de singes mécaniques dont la collection augmente sans cesse. Ou encore sur le moulage d'un buste à peine nubile, celui de Jane Birkin.

La lumière brasille sur le flot des flacons d'argent, nécessaires à cocktail ou de toilette, étincelle sur les shakers ternis par la mort mais que Fulbert astiquait sans relâche, clignote sur les glaces d'un mini-bar 1930. Les domestiques sont tenus de ne pas modifier les éclairages, de respecter l'ordonnance du théâtre miroitant. Le piano électrique est éteint, privé de sa féerie de sapin de Noël. L'étoffe, du drap encre de la maison Prudhomme, nappe jusqu'aux toilettes. Le guide veut à tout prix les montrer.

Ce n'est guère une habitation, mais une scène, un

décor où l'illusionniste exécute sa pantomime. Un « scénotaphe », à présent qu'il est mort et qu'on déambule dans une nature morte derrière Fulbert, le fidèle nautonier formé à cette tâche par Serge Gainsbourg. Fulbert, dont le visage couturé de balafres a quelque chose d'un légionnaire des ténèbres, d'un bouffon de cinéma. Gainsbourg l'a peut-être recruté pour son physique décoratif. Tout, ici, est prémédité.

Une machine de guerre

L'habileté du décor gainsbourien, sa marque, est de suggérer plus que de montrer. C'est une machine de conquête. L'abondance de signes ravissants et précieux parle le langage du luxe. Comme dans une toile de Boucher, un ruissellement d'objets intimes constitue autant d'allusions à la volupté.

L'éclairage ensorcelle. Mais Gainsbourg triche : la maison est de proportions modestes. Les plafonds bas et moyenâgeux, un plan compliqué apparentent la construction à un garage plutôt qu'à un hôtel particulier. Lorsque Serge Gainsbourg l'a achetée, en janvier 1968, les deux étages n'étaient pas reliés. Le rez-de-chaussée était sans doute un atelier d'artisan ou une boutique et l'étage, une collection de soupentes.

L'adresse, elle, est prestigieuse. Les jardins sont enclos. Aux fenêtres, les plis ivoire des tentures éveillent un rêve d'ordre, de nonchalance, à l'opposé du vertige que Gainsbourg a cultivé. La maisonnette du 5 *bis*, rue de Verneuil est un ermitage au milieu des demeures du faubourg Saint-Germain. Le bus n° 69, Place de Clichy-Cimetière de Bagneux, passe au bout de la rue. Gainsbourg connaissait la rue pour y avoir visité Juliette Gréco, établie dans un véritable hôtel particulier. La chambre de Juliette aurait englouti la maisonnette de Serge Gainsbourg. Plutôt qu'une maison, celle-ci est une cellule.

Cependant, elle hypnotise les visiteurs. Dès 1969, la presse décrit l'habitation comme l'« élégant hôtel particulier de Serge Gainsbourg ». Au premier anniversaire de sa disparition, le journal *Libération* emploie toujours la même image afin de dépeindre les fans agglutinés devant l'« hôtel particulier », tant est vif le goût du merveilleux. Les photographies en trompe l'œil authentifient la légende : le sol à damier, semblable à celui des antiquaires du quai Voltaire plagiant les intérieurs flamands du XVIIe siècle, agrandit la pièce et lui confère une dimension onirique.

La maison d'un égoïste

L'agencement d'une maison renseigne sur les rapports que son occupant entretient avec les siens. Le plan de la maison de Serge Gainsbourg est d'un célibataire. Sur environ cent vingt mètres carrés en deux niveaux, la garçonnière ne comporte que deux pièces normales, et deux autres de la taille de cabines de bateau : le salon de musique au rez-de-chaussée et, à l'étage, une chambre, un bureau minuscule et l'étrange chambre des poupées. La maison ne dispose pas de salle à manger : les repas se prennent dans l'étroite cuisine, sur les marches de l'escalier ou encore au salon, sur les genoux.

Lorsque Jane Birkin habite rue de Verneuil avec ses deux filles, Serge Gainsbourg loue une pièce contiguë à la cuisine, où sont consignées les fillettes et leur bonne. Les amis s'offusquent de la promiscuité. Les autres pièces de la maison sont interdites aux enfants : elles risquent d'en déranger l'ordre. Charlotte et sa sœur Kate vivent dans la terreur de l'écorché de carton-pâte qui cabotine nuit et jour sur la route des toilettes.

Une jeune femme et des enfants ont partagé l'existence de Serge Gainsbourg durant douze ans sans que la maisonnette évolue. L'homme de cet intérieur est un égocentrique. « Jane était très malheureuse. Elle disait : " C'est chez toi. " C'est comme ça. C'est ça ou rien. C'est dur. Pourtant, je suis un gentil garçon, mais j'ai connu pas mal de détériorations chez certains qui ont fait des concessions par lâcheté [1]. »

Caroline von Paulus, dite Bambou, doit subir les mêmes rigueurs, avant de s'exiler rue Saint-Jacques, puis derrière la place d'Italie dans un quartier en démolition. Dans le salon de musique, l'enfant Lulu ne doit toucher à rien. Placide, il reste sur sa chaise pendant deux ou trois heures. La cuisine est l'unique espace où jouer sans gêner.

Quartier disciplinaire

La tyrannie des objets n'épargne personne, à commencer par le maître de maison. Gainsbourg se mortifie. Son mobilier révèle les relations vaches qu'il entretient avec sa personne. Rue de Verneuil, le mobilier porte la marque de l'homme, celle d'un homme stoïque. Les fauteuils sont métalliques, spectaculaires, peu confortables. Le siège favori de Gainsbourg est raide comme une prothèse orthopédique. Avec le temps, l'empreinte d'une cuvette s'est formée sur le canapé à têtes d'aigle, dans le satin damas naguère ivoire. Ce meuble est rigide, inconfortable : du mobilier militaire. L'étiquette interdit à quiconque, hormis lui-même, d'y siéger. Serge Gainsbourg vit dans une crispation despo-

1. Gilles Verlant, *Gainsbourg*, Albin Michel, 1992.

tique, ne s'autorisant pas de détente. La devise que Baudelaire empruntait aux jésuites, *Perinde ac cadaver, « Une obéissance de cadavre »*, semble être sa doctrine en matière d'aménagement intérieur. Vivre dans une telle gaine de fer a constitué une ascèse. En comparaison, la Boisserie, le cantonnement du général de Gaulle, dans le désert champenois de Colombey-les-Deux-Églises, paraît voluptueux.

Il n'y a pas, à l'abri des regards, un fauteuil où Serge Gainsbourg s'effondre, las de prendre la pose. Dans la solitude, au contraire, les objets se font plus hostiles encore. Un lit de camp, rouillé et futile, barre l'accès au bar. Une nuit, après une crise de delirium, il s'y est blessé. Il était seul. Il a téléphoné à son majordome et attendu que celui-ci arrive du nord de Paris avant d'être relevé.

Il y a quelque chose de sacrificiel dans l'attitude de cette vedette de music-hall, une coquette abnégation au service de la vanité, et l'on pense à Louis XIV préférant à la vie une haute réputation. Il est vrai que Louis, monarque, n'avait pas le choix.

Le décor a tout envahi, y compris la cuisine, cette pièce traditionnellement hors apparat des appartements bourgeois. C'est d'autant plus surprenant que Gainsbourg aime cuisiner et que son livre de recettes déborde de fiches écrites de sa main. Sur une corniche, des boîtes de sardines Hédiard, des sacs de bonbons : la décoratrice a reconstitué une « épicerie de campagne ».

Gainsbourg prend ses repas à l'étroit sur une table de verre, assis sur une chaise de métal, dans un mince triangle délimité au septentrion par des porcelaines chinoises, à l'orient par le téléviseur Saba, à l'occident par le décodeur de Canal Plus. Il paie de sa personne ; sans plus de place qu'une figure de cire dans un musée ethnographique.

Si Fulbert déclarait soudain que Serge Gainsbourg

n'a jamais habité là, que la maison n'était qu'une vitrine promotionnelle, on le croirait. Mais le chanteur ne possédait que cette seule demeure. Il est tout entier là.

Black-out

La maison, à son acquisition, bénéficia d'influences solaires : Serge Gainsbourg la visita en compagnie de Brigitte Bardot. Son père Joseph l'avait dénichée (la maison, pas B.B.) : « Il y a quinze jours, je lui téléphone et je lui dis : " Si tu veux visiter une charmante petite maison, il faut le faire tout de suite. – Donne-moi l'adresse ! " Ils y sont allés tous les deux et il m'a appelé pour me dire que la maison lui a plu et qu'il y retournerait pour la visiter à la lumière du jour. Quand il est revenu avec Brigitte le lendemain à onze heures, il y avait sur place des amateurs mais dès que l'agent les a vus arriver, elle s'est exclamée : " C'est vendu ! C'est vendu ! " La deuxième visite a convaincu Lucien et l'affaire a été conclue [1]. » (Joseph Ginzburg, lettre du 13 janvier 1968.)

Faire les annonces avec B.B., c'est placer sa maison sous protection mythologique. Bardot est un soleil, Serge Gainsbourg un astre noir.

Il a d'abord financé sa légende à crédit. Andrée Higgins, décoratrice cossue de la rue de l'Université, lui prêtait des meubles et parfois son chauffeur. Serge Gainsbourg lui avait acheté à tempérament un « fauteuil de dentiste ». En 1967, recevant la presse dans un studio de la Cité des Arts, il organise des effets de lumière. L'après-midi, les journalistes ont droit à des persiennes closes. La nuit, les fenêtres s'ouvrent : dans la baie s'encadre Notre-Dame illuminée. Émerveillés, les reporters dépeignent le

1. Gilles Verlant, *op. cit.*

piano, le « merveilleux fauteuil de dentiste du XIXe siècle », le dessin de Klee, celui de Dali. Le tour est joué.

En 1968, Gainsbourg paie au comptant. Il a fait fortune. En trois mois de 1965, *Poupée de cire* lui a rapporté trente-cinq millions de francs.

Spécialisée dans le genre anglais, Andrée Higgins a aménagé la maison de la rue de Verneuil. Femme de caractère, chapeau panthère, tisonnant une flambée dans un show-room du faubourg Saint-Germain, elle reconnaît avoir dû se plier aux caprices de son client, garçon déterminé. Elle réussit néanmoins à imposer une marque britannique au décor : moquette noire à ramage nénuphar, rampe crème reliant les deux niveaux, scriban anglais, étoffes en abondance. Andrée Higgins dit que, submergé d'idées noires après la rupture artistique avec Brigitte Bardot, Serge Gainsbourg a voulu assortir le décor à son humeur, tendre aux fenêtres des voilages noirs, crêpe de deuil, mais Joseph Ginzburg, qui veillait sur les travaux, l'en a dissuadé.

Chagrin ou pas, le noir était la couleur fétiche de Serge Gainsbourg. En 1967, il enregistrait, quelques mois avant de rencontrer Brigitte, *Les Papillons noirs*, en duo avec Michèle Arnaud.

> La nuit tous les chagrins se grisent
> De tout son cœur on aimerait
> Que disparaissent à jamais
> Les papillons noirs [...]
> Aux lueurs de l'aube imprécise
> Dans les eaux troubles d'un miroir
> Tu te rencontres par hasard
> Complètement noir.

Depuis deux siècles, la congrégation dandy affectionne le noir. « Je trouve vers le soir un bar génial. Un banal Smith's où, la barmaid exceptée, tout est noir. Le juke-box est noir. Les disques, les tabourets et les Noirs sont noirs. WKTU FM 92/ Donna Summer sort du bureau, Black Caesar l'attend devant une Budweiser » (Yves Adrien, *Novovision*, 1979).

Françoise Hardy et Jacques Dutronc adoptent le noir dans leur maison du 14e arrondissement à Paris. Ils en usent dans un esprit zen très différent de celui de la rue de Verneuil, plus dramatique. La salle à manger de l'hôtel Blake's, à Londres, où descend Serge Gainsbourg, est laquée de noir. Le noir, dans les années 70, est une réaction presque puritaine à l'inflation de couleurs vives des intérieurs modernes. Il fréquentait cette non-couleur depuis longtemps. C'est la teinte de la vanité en berne. Du narcissisme triste. Le dandysme est une ascèse sans joie.

Une nuit chez Dali

A dix-neuf ans, Serge Gainsbourg a pénétré l'appartement de Salvador Dali, boulevard Saint-Germain, qui était tendu d'astrakan noir. Sa première femme, Élisabeth Levitsky, secrétaire du poète surréaliste Georges Hugnet, l'y introduisit presque par effraction. « Il régnait une odeur de regret, de flash-back, de luxe effréné. » Il découvre le luxe. La chambre est recouverte de toiles de maître non encadrées, un drap est tendu à l'ancienne sur la baignoire, les centaines de petits flacons et d'objets futiles l'impressionnent. Il a souvent évoqué le lit de trois mètres sur trois, « où je n'ai pas arrêté de tringler et que j'ai fait copier ». Il en rajoute. Élisabeth et Lucien se sont aimés dans toutes les pièces de l'appartement de Dali, mais pas sur le lit de Gala, qui leur semblait sacré. Ils étaient très jeunes, très prudes. Rue de Verneuil, le couvre-lit, commandé chez un ami pelletier de Joseph Ginzburg, est en vison mais le lit n'est pas carré : la chambre est trop exiguë.

L'agencement de ses appartements n'a jamais été laissé au hasard. Dans sa chambre mansardée d'étudiant en architecture, Lucien Ginzburg calcule déjà la mise en scène : un bouquin de Catulle sur lequel repose un carton à dessins, un paquet de cigarettes, un cendrier, la photo de sa petite amie.

Le 16 mai 1962, le journaliste Philippe Bouvard lui rend visite pour *Le Figaro*. Serge Gainsbourg le reçoit avenue Bugeaud, chez ses parents. Soucieux de surprendre, il montre à Philippe Bouvard une anthologie de monstruosités, lui recommandant le chapitre sur les femmes-troncs. Bouvard note l'apprêt du lieu : sur le piano, groupés à la perfection, Serge Gainsbourg a installé une photographie de Brigitte Bardot, un verre de cognac à moitié plein, une symphonie de Dutilleux à demi dissimulée sous un microsillon d'Harry Belafonte, un hibou porte-bonheur. Gainsbourg propose au journaliste une parabole gémellaire : « Je l'avais acheté très cher, comme un objet unique. Le lendemain, je suis repassé par hasard devant la boutique et il y en avait déjà un autre installé dans la vitrine. J'ai eu la tentation d'acheter aussi celui-là afin de voir s'il en surgirait un troisième. » Irritante, cette parthénogenèse de hiboux, pour un client qui cherche tant à se distinguer.

La description de son univers devient un exercice de style journalistique : « On reluque les reliques, les laques, les breloques, les gadgets pas catholiques, obliquement galactiques [1]... »

1. *Libération*, 2 janvier 1988.

Notes de lecture

Comme les grandes pièces de joaillerie, Serge Gainsbourg ne sort pas sans son écrin. Sur le tournage de *Charlotte for ever*, il déplace sa féerie : le bouchon de son ancienne Rolls Royce, appelé « The Spirit of Ecstasy », sa vieille machine à écrire Corona, un de ses tableaux de petit maître anglais.

Au Casino de Paris, l'ancienne loge de Mistinguett et de Maurice Chevalier est transformée en wagon Pullman, recelant encore une fois le bouchon d'essence de son ex-voiture, des photos de Jane Birkin, Bambou, Brigitte Bardot, Charlotte et Catherine Deneuve, « la plus petite radio du monde » (10 × 5 cm), des fauteuils de la rue de Verneuil. Lors des sept concerts au Zénith, en 1988, il tapisse sa loge en noir et reconstitue son univers avec de l'argenterie, des photos, de la vaisselle, son jeu d'échecs. Comme dans *A rebours*, dont le héros donne un dîner de deuil, on dresse un buffet noir : caviar, gâteau au chocolat...

Les archives de Barbe-Bleue

Le décor gainsbourien est un intérieur bourgeois féerisé, un musée privé et intime, un bric-à-brac télescopant les époques, souvenirs de voyages, objets sentimentaux, gadgets électroniques. Serge Gainsbourg appelait le salon son « musée », sa « chapelle », et se faisait volontiers, sur rendez-vous, le guide de son sanctuaire. Des charters de journalistes y furent accueillis.

Il a collectionné les souvenirs féminins. Face à la porte d'entrée, dans un scriban anglais d'acajou aux vitrines ajourées comme une chape gothique, il a exposé un exemplaire de tous les 45-tours écrits pour son gynécée : Michèle Arnaud, Marianne Faithful, Petula Clark, Anna Karina. C'est le placard de Barbe-Bleue. « Le plus précieux objet, c'est la femme-objet », a-t-il dit.

Le placard voisine avec son complément, le lit de harem. Placé devant la fenêtre sur rue, caché par un moucharabieh, il sert de vitrine à toutes sortes de reliques : une grande photo pâlie de Bardot et Birkin dans *Don Juan 73*, le film de Roger Vadim. Les livres qui ont été consacrés à sa personne. Des exemplaires d'*Evguénie Sokolov* en collection 10-18, et les traductions en langues étrangères. Sous le lit, une pile d'exemplaires neufs de *Bambou et les poupées*, album de photos érotiques.

Les originaux de *La Marseillaise*, eux, sont dissimulés derrière un meuble.

Grave maniaque

A chaque objet est assignée une place définitive, immuable, mystérieuse. En collectionnant, Serge Gainsbourg prend plaisir à ranger, trier, classer selon une syntaxe qu'il est seul à décoder. Ses invités, médusés, le regardent remettre en place dans l'instant tout bibelot par eux frôlé. Un cendrier est vidé après deux mégots. Le plateau de verre de la table basse, dans le salon, obéit à un ordre strict : armoire à pharmacie, plumier de maharaja, vide-poches translucide en pâte de verre délicatement ciselé (cadeau de Bambou), trois décorations vertes assorties (Grand Prix national de la chanson, officier des Arts et Lettres), lavement antique, discman Sony, walkman Sony, minicassette Panasonic, montres anciennes, mini-télévision Philips, lampe années 30, collection d'ivoires érotiques, petit panier contenant des mûres en perle sous un globe de verre, cendriers, téléphone noir. Le goût est exquis. Joyaux électroniques, fins objets anciens, merveilles de l'orfèvrerie, Serge Gainsbourg affectionne la préciosité et la délicatesse des factures, qui traduisent une obsession de l'éphémère, du fugace que la mort impose.

Sur le chapitre de l'ordre, il ne plaisante pas. « Chaque objet répond à une certaine dynamique, une certaine courbe, un certain ordre. Je joue aux échecs avec les objets et je les fais mat. Une fois qu'ils sont mats, ils ne doivent plus bouger [1]. »

Depuis la naissance de son fils Lulu, Serge Gainsbourg vit seul, préférant chaque jour davantage les objets aux humains.

Il est de plus en plus maniaque. Le désordre le met à la torture. S'il aime manipuler ses collections, il a horreur que d'autres se le permettent. Conviés à dîner rue de Verneuil, Michel Colucci, Françoise Hardy et Jacques Dutronc ont un soir frôlé l'incident protocolaire. Gainsbourg propose de souper sur la table basse du salon puisque la maisonnette ne comporte pas de salle à manger. Chagrinés par cette rébarbative perspective, Jacques Dutronc et Coluche, mettant à profit l'absence de Gainsbourg disparu en cuisine, débarrassent une grande table qui se trouvait à cette époque sous la fenêtre, à la place du lit de harem. Serge Gainsbourg parvient à dominer son irritation, mais ses amis sont embarrassés.

Dans la maison, figées sur un vieux fauteuil de cinéma, deux marionnettes « Gainsbarre » veillent sur le salon. Gainsbourg lui-même se bibelotise. Transmué en pure chose.

1. *Façade*, n° 12, 1982.

Les déchets chics

Luxe et rogatons. Rue de Verneuil, quelque chose a dérapé. Gainsbourg n'accumule pas que des objets rares. Par une dépravation du goût, il collecte des déchets chics, bouteilles vides et poussiéreuses de grands crus classés : cheval-blanc (1962, 1961, 1953), mouton-rothschild 1971, haut-brion 1928, gruaud-larose 1920, canon-ségur 1928, alignées sur les étagères de la cuisine.

L'accumulation est envahissante, il livre bataille au vide.

Sur une table de verre, réservée aux tributs prélevés sur la Police nationale, tout un compost témoigne de sa manie : dizaines d'écussons, qu'on appelle des « pucelles » dans le langage des représentants de l'ordre, amoncellement névrotique de menottes, bouteille de pastis, autographe de Pierre Bérégovoy, ministre des Finances, sur un paquet de cigarillos.

Dans la salle de bains, les résidus de palace, chausse-pied de l'hôtel Oriental de Bangkok, échantillons de bain moussant, de savons voisinent avec des flacons de Guerlain vides. Il stocke les appareils électroménagers obsolètes : son premier téléviseur, un électrophone des années 60, un lecteur de compacts et une chaîne hi-fi hors d'usage. On songe à ces héros de faits divers qui campent dans leurs déjections, se refusant à jeter des décennies durant et qu'un jour une caméra de télévision régionale vient filmer.

« Je suis comme un pharaon dans sa pyramide, et alors ? Ce n'est pas très bien, c'est un peu abject, mais c'est ainsi », déclare-t-il en 1986 à Françoise

Hardy [1], qui s'étonne d'un tel besoin d'accumuler. Le pharaon, dans certains jeux de cartes, est le nom du roi de cœur. Un roi au cœur embaumé, momifié. Françoise Hardy elle-même subit ces débords jusque dans la cave de sa maison parisienne, où a trouvé refuge le flipper offert par Serge Gainsbourg à son fils Thomas. Telle la CIA branchant une dérivation sur les chiottes de Georges Pompidou afin d'analyser la nature de sa maladie, les fans de Serge Gainsbourg détournent ses déchets. Ses poubelles sont fouillées. Sachant que j'écris ce livre, Philippe Cluzel, un jeune homme passionné, amateur de Serge Gainsbourg, m'apporte des reliques découvertes dans les ordures du 5 *bis*, rue de Verneuil un soir d'anniversaire. Un chèque de cent mille francs déchiré, à l'ordre d'un certain Philippe L. Des bougies d'anniversaire, permettant de dater les vestiges. Le manuscrit d'un script. Des brimborions qui ne valent que par la dévotion qu'un être a mis, un jour, à les ramasser.

L'élimination des poubelles constitue une des servitudes nocturnes de Gainsbourg. Avant de partir, le domestique Fulbert les dépose dans le jardinet à l'intérieur de la maison. Serge Gainsbourg en personne guette le passage des éboueurs entre vingt-trois heures et minuit, après le départ du majordome. En leur remettant les sacs scellés, il leur octroie un généreux pourboire.

Le contrôle de son image, d'un bout à l'autre de la chaîne, est devenu une obsession. Être immatériel, une star ne fabrique pas de déchets.

1. Françoise Hardy et Anne-Marie Simond, *Entre les lignes, entre les signes*, RMC Édition, 1986.

La chambre des poupées

Le boudoir aux poupées est la pièce la plus aberrante de la maisonnette. Semblable à l'étalage d'un antiquaire spécialisé en jouets anciens, elle est envahie de poupées aux yeux caves, de jouets macabres ramassés chez les antiquaires, de bouquets séchés tels des sentiments crépusculaires, d'un gramophone avec ses disques inaudibles. Dans une boîte en carton, un doigt de cire coupé. La nécropole est ceinte de placards emplis de coupures de presse. Elle s'ouvre sur un carré de ciel, mais la fenêtre n'est jamais ouverte.

Toute la vie s'est retirée de ce boudoir, de ces vestiges d'innocence. Il résume l'atmosphère morbide qui règne sur la maison et fut le théâtre d'une scène curieuse. Lors de la veillée funèbre de Serge Gainsbourg, toutes ses femmes ont dormi là, sur la moquette aux nénuphars : Jane Birkin, Kate Barry, Caroline von Paulus, allongées par terre au milieu des vieilles poupées. Comme si Serge Gainsbourg avait réglé le cérémonial de sa disparition. Au matin, le croque-mort a procédé à la toilette mortuaire, accompagné de sa propre fille de seize ans. Une dernière fois, une nymphette l'a rhabillé. Il était mort nu sur son lit, on l'a déguisé avec sa panoplie de Gainsbarre. Les fleurs, à l'enterrement, étaient blanches.

3.

POLAROIDS D'ENFANCE

> « Qui épargne la baguette hait son fils, qui l'aime prodigue la correction. »
>
> Salomon, un sale con (Prov. 13-24).

Dès le départ les dés sont pipés. Tout procède d'une fiction. L'identité des Ginzburg est imaginaire. L'état civil français ne connaît que leurs faux papiers. Joseph Ginzburg et sa femme Olga Besman seraient des Turcs nés à Constantinople. En réalité, ils sont russes et leur date réelle de naissance incertaine. Lucien Ginzburg est donc né sous une identité falsifiée.

Tôt aussi, il apprit à déguiser ses sentiments. L'historiographie familiale est révisionniste. Coups et blessures n'y laissent pas de traces. L'amnésie frappe la descendance.

Les trois petits Ginzburg devenus grands ont livré leurs annales. Plusieurs livres retranscrivent les témoignages de Jacqueline, Liliane et Lucien. Maman y est une personne gaie et rieuse, papa un homme tendre et un peu emporté. Des images de propagande domestique. Qui a flanqué ces cicatrices? Comment des parents aussi bienfaisants ont-ils pu transformer Lucien en un adulte si timide, si peu sûr de lui? Pourquoi a-t-il renoncé à la peinture? Et pour quelles raisons Lucien a-t-il raté sa vie conjugale, d'échec en échec la même histoire ? Pourquoi surtout a-t-il achevé sa vie si tragiquement, dans la peau d'un pantin ivrogne ? Gainsbar-Tabac, son ultime identité d'emprunt. « Ce n'est pas un drame, c'est une asphyxie », a-t-il déclaré en 1979.

La vérité est que Serge Gainsbourg a eu des parents difficiles. Tout adulte tourmenté abrite la momie d'un enfant malheureux. L'exhumer n'est pas facile.

La marqueterie biographique de Serge Gainsbourg laisse apparaître les points d'impact. « Je crois que je suis un gentil garçon », dit-il dans sa dernière interview. Un bon petit gars, certes, mais un adulte compliqué.

Reconstituer la véritable enfance de Lucien Ginzburg est un leurre : lui seul en possédait les clés, qu'il s'efforça de perdre. Ses biographes ont recueilli des versions à l'eau de rose, entrecoupées de Pastis 51. A travers la version officielle, on peut néanmoins procéder à quelques rectifications.

Joseph au Royal Tea

Dès les premières pages, Gainsbourg retouche sa biographie, enjolivant par-ci, enlaidissant par-là. Toujours, il épargne ses géniteurs. Lucien Ginzburg est né à Paris, le 2 avril 1928 à quatre heures cinquante-cinq, au 2, rue d'Arcole, à la maternité de l'Hôtel-Dieu : dans l'île de la Cité, au cœur de Paris, entre Notre-Dame et la Préfecture de police. Entre anges et condors. L'étymologie lumineuse de son prénom, Lucien, semble un heureux présage. Ses parents habitent rue de la Chine. Joseph, son père, est pianiste au Royal Tea de Bordeaux.

Le premier enfant de Joseph et Olga Ginzburg – prononcer Gainsbourg – était un fils, Marcel. Il meurt à seize mois d'une pneumonie. Par la suite, on n'en parlera jamais plus. En 1927, Olga met au monde un nouvel enfant. Elle est déçue et n'hésite pas à l'exprimer : ce n'est qu'une fille, Jacqueline. A nouveau enceinte en 1928, Olga songe d'abord à avorter. Les conditions prophylactiques eussent-elles été plus confortables, elle eût exécuté son dessein.

Des années plus tard, vers 1978, Serge Gainsbourg, rédigeant lui-même sa biographie à l'usage des journalistes, l'ornemente de détails crades : « Ma mère est allée chez un médecin marron, du côté de Pigalle. Là, elle a aperçu une cuvette d'émail rouillé avec de drôles de choses dedans. Elle s'est enfuie [1]. » Une esthétique de l'étrange qui évoque les récits de sabbats. Le roman occulte l'essentiel : sa mère n'était pas exactement bien disposée à son égard. Bébé de consolation, Lucien est né après un sacré rival, un Marcel auréolé. Un béatifié dont Lucien a repris le rôle. Salvador Dali, par exemple, a été confronté à une situation semblable. A sa naissance, il hérita du prénom et de la layette d'un frère mort neuf mois plus tôt. Une enfance à l'étroit.

Lorsqu'elle accouche à l'Hôtel-Dieu, Olga est déçue en voyant de nouveau apparaître une fille, Liliane, la sœur jumelle de Lucien. « Moi, je n'aime que les garçons. Les filles, c'est zéro », répète-t-elle. Surgit enfin Lucien.

De l'avortement fondateur, Gainsbourg fait le premier épisode de sa biographie officielle, plaçant son personnage sous le signe romantique de la malédiction. « Je suis un survivant », dit-il. La photographie de Sid Vicious, héros destroy, est placée sur son piano, parrainant une démarche tournée vers la jeune clientèle de l'industrie discographique.

1. Gilles Verlant, *op. cit.*

En revanche, Serge Gainsbourg ne fait pas grand usage de sa naissance gémellaire, propre cependant à frapper les imaginations. Le plus étonnant, dans les éléments biographiques qu'il distille, ce sont les trous noirs. L'omission d'un événement si merveilleux, de la part d'un homme d'apparence extraverti, intrigue. Quels éléments Gainsbourg choisit-il de laisser dans l'ombre? Lorsqu'il parle d'une de ses sœurs, c'est en général de Jacqueline, l'aînée. Lili, le double de Lulu, avec son regard tendre à la Bette Davis, a le bon goût de s'effacer au Maroc, où elle se marie et enseigne l'anglais. Elle suit de près l'épopée de Lucien, à travers le courrier de leur père. Un chose est certaine : toute sa vie Lucien Ginzburg a cherché avec la dernière énergie à se distinguer. Lorsque leur mère meurt en 1985, Liliane se rend rue de Verneuil, invitée par son frère. Elle est impressionnée par le décor de ce jumeau fabuleux. Tous les Ginzburg sont timides. Puis, côte à côte, en silence, ils écoutent *Pavane pour une infante défunte*.

Les parents de Lucien, eux, n'affabulaient pas. D'épisode en épisode, leur histoire dénote un solide instinct de survie. Rue de Verneuil, dans un cadre en laiton orné de feuilles de vigne, Serge Gainsbourg conservait un portrait de sa mère, photographiée en Russie. Elle est jolie. Les yeux bruns d'Olga Yagovlevna Besman pétillent.

Sa voix est plus expressive encore. Jacqueline Gainsbourg en détient un enregistrement, dans lequel sa mère narre d'une voix de rogomme ses aventures durant la Seconde Guerre mondiale [1]. Au timbre sans réplique, aux inflexions intimidées de ses deux filles quinquagénaires qui ne parviennent

1. Entretien recueilli avec Andrew Birkin au cap Camarat. Archives Jacqueline Ginzburg.

pas à l'interrompre, on devine un personnage tyrannique.

Dominatrice, Olga est une maîtresse femme qui jusqu'à la fin a dirigé son monde. Elle fascinait, et fascine encore, ses enfants. Ils lui étaient redevables : elle leur a sauvé la vie durant la guerre. Jacqueline lui a beaucoup sacrifié, la soignant jusqu'à la mort. Installée avec ses deux enfants chez sa mère avenue Bugeaud, durant quatorze ans elle a subi l'emprise d'Olga. Il lui est arrivé d'attendre sur le palier le sommeil de la vieille dame avant d'entrer dans l'appartement. Dans l'obscurité, un soir, Jacqueline a découvert sa propre fille, qui reculait elle aussi le moment d'ouvrir la porte. Parfois, les enfants Ginzburg donnent parfois l'impression d'être restés sur le seuil de leur propre existence.

Tous les amis de Lucien, un jour ou l'autre, ont fait allégeance à Olga. « J'ai assisté à une scène extraordinaire : on a vu déboucher Serge accompagné de Marcello Mastroianni, tous deux sévèrement entamés, relate une belle-fille d'Olga. Il nous a annoncé : " Je veux présenter ma mère à Marcello ! " Olga était aux anges : " Oh ! je suis bien contente de vous connaître, j'ai vu tous vos films. " Mastroianni s'est agenouillé et pendant un quart d'heure n'a cessé de lui caresser les joues et les mains en répétant : " Qu'elle est bella, la mamma ! " [1]... »

Olga rencontre Joseph Ginzburg à Théodosie en 1917. Arrivé en Crimée, Joseph cherche en ville un logement avec piano. Deux amis étudiants conduisent Joseph chez Olga Besman, qui habite avec ses parents une maison spacieuse, donnant sur un square du centre-ville, 21, rue Sainte-Catherine, entre le consulat de France et la trésorerie. La famille Besman est aisée. Le père d'Olga dirige à Théodosie une entreprise de travaux publics

1. Gilles Verlant, *op. cit.*

employant une quinzaine de personnes. La demeure semble délicieuse à Joseph. Olga anesthésie son sens critique. Elle le reçoit dans un salon au parquet de laque rouge qui ouvre sur une véranda surplombant la rue. La jeune fille s'absente afin de parler à sa mère. Joseph aperçoit le piano, droit, noir. Il n'a commencé la musique qu'à quinze ans, mais s'entraîne avec passion. Les murs sont ornés de marines peintes par Aïvazovski : tempête, vagues sur la mer Noire, écume. Il les juge conventionnelles, médiocres et... exquises.

Olga revient. Dix personnes habitent sous ce toit, bonne comprise. A défaut d'une chambre libre, on offre à Joseph un lit. En 1917-1918, les étudiants, modérément tsaristes, changent de province afin d'éviter l'enrôlement dans les troupes du général Wrangel : les familles s'entraident. Joseph est heureux. « Ce séjour en Théodosie est le souvenir le plus clair, l'époque la plus heureuse de ma vie », écrit-il vers 1970 sur un petit cahier d'écolier intitulé : « Voici déjà l'hiver [1]. » Il a d'abord écrit « mon plus clair souvenir », il a raturé puis insisté, « l'époque la plus heureuse de ma vie », tentant naïvement de fixer ces réminiscences légères, aériennes : « J'avais vingt ans, pas de soucis matériels (j'avais des élèves), un pays ensoleillé, une ville charmante, une maison accueillante et une fille splendide qui ne repoussait pas mes baisers. »

A cinquante ans de distance, il éprouve encore du plaisir à se remémorer ces journées lumineuses. Dans le salon de Théodosie, Olga, qui étudie le chant, entonne des romances à la mode en s'accompagnant :

> Va-t'en, va-t'en,
> A quoi bon supplier et pleurer

1. Archives Jacqueline Ginzburg.

Aux paroles d'amour je suis froide
comme la glace.

Admiratif, Joseph écoute cette voix de contralto, rêvant au bonheur de celui qui l'épousera. Romantique, il n'écoute pas les paroles. Il a tort. Olga est une fille froide. Des années plus tard, elle lui jettera au visage les renards argentés qu'il vient de lui offrir, sous prétexte que ce présent est stupide. Elle ne sait pas recevoir. Pratique et décidée, elle est un peu plus âgée que lui. C'est elle qui, probablement, choisit son Joseph. Un armateur aisé la courtisait, elle le repousse. Souvent, elle rappelle à Joseph qu'elle aurait pu épouser un homme plus brillant. Elle oublie que l'armateur était un vieillard.

On ignore le jour et le lieu de naissance de Joseph. Serge Gainsbourg racontait aux journalistes qu'il était né à Odessa, ce qui est inexact. Odessa est un nom magique, qui fait surgir des visions de *Cuirassé Potemkine*, d'affaires d'espionnage de la Seconde Guerre mondiale. Sa sœur jumelle pense que Joseph est né à Kharkov, le 9 avril 1896. Une date probable, à quinze jours près : en immigrant en France, il a utilisé des documents falsifiés. Son faux passeport indique la date du 27 mars 1896, et Constantinople pour lieu de naissance. Olga, sur ces papiers, est née le 15 janvier 1894.

L'enfance de Joseph zigzague à travers la Russie méridionale. En 1904, son père, un instituteur juif ashkénaze, fuit le pays pour l'Angleterre, afin d'éviter la conscription dans les armées du tsar qui engage ses troupes contre les Japonais. Il abandonne ses cinq enfants. Ils survivent seuls avec leur mère durant trois années. L'agonie de la Russie blanche commence.

Joseph quitte alors l'Ukraine pour Marioupol, sur la mer d'Azov, puis Svyslotz, en fausse Lituanie, et Lougansk. En 1916, il s'inscrit au conservatoire de musique d'Ekaterinoslav, en Ukraine. Après un stage dans un grand conservatoire, celui de Moscou ou de Saint-Pétersbourg, son projet est d'ouvrir une école de musique. Il se rêve notable cossu, vaste salon adorné d'un piano à queue et, sur la porte d'entrée, plaque de cuivre : « Joseph Ginzburg, Lauréat du Conservatoire de... » Tout ce qu'il faut pour attirer les élèves.

Joseph a consigné ces dates en russe et en français peu de temps avant sa mort, sur quelques feuillets rédigés à la main sous le titre : « Pour mémoire. Séjours et déplacements. Lieux d'été [1]. »

Il a tenté de fixer sa mémoire, tel un Petit Poucet se retournant avec anxiété sur ses traces. Démarrant à Marioupol, la liste s'achève en 1971, le 22 avril : « Pâques. Chez M. James, 22 rue de l'Église à Houlgate. » Une vie humble résumée en trois demi-feuillets.

Son procès-verbal reproduit le sismographe des grands cataclysmes du siècle. Théodosie, fin 1917, c'est déjà la vie d'autrefois et dont il ne reste qu'elle, Olga. La Russie est en pleine guerre civile. Olga s'engage comme infirmière volontaire à Saint-Pétersbourg, à l'hôpital des officiers du tsar. Joseph n'envisage pas de se sacrifier pour Nicolas II. Sur quinze millions d'hommes mobilisés, plus de la moitié ont été tués, blessés ou capturés. Il décide de rejoindre Olga. Le voyage de Crimée jusqu'à la Baltique dure trois jours et trois nuits. Pour se nourrir, Joseph a emporté un pain de taille considérable.

Le voyage est périlleux : cheminots des soviets locaux, soldats révolutionnaires, prolétaires émeutiers, mencheviks, bolcheviks stoppent alternativement le train à la recherche de « volontaires ». Joseph, vêtu de son uniforme d'étudiant noir à boutons dorés, est une proie idéale mais récalcitrante.

1. Archives Jacqueline Ginzburg.

La chronique familiale raconte qu'une paysanne russe qui allait vendre ses légumes à la ville, en le dissimulant sous ses jupes, lui sauva la vie. Les détails du récit familial ont toujours un aspect merveilleux. Lucien Ginzburg l'a entendu toute son enfance. Le passé russe de ses parents lui semblait irréel. Une sorte de conte.

A l'arrivée, Olga fait engager Joseph à l'hôpital comme secrétaire. Saint-Pétersbourg, alors, est une belle métropole. « Un soir nous sommes allés au Bolchoï écouter Fedor Chaliapine, et pendant l'entracte nous entendions le tac-tac-tac des armes à feu. Nous n'avions pas peur. Nous étions amoureux », a raconté Olga. Un soir, le Bolchoï donne le *Boris Godounov* de Moussorgski, révisé par Rimski-Korsakov. Le lendemain, il accueille le Ve congrès des Soviets en la présence de Vladimir Ilitch Lénine. En 1918, celui-ci crée l'Armée rouge, forte de cent mille hommes à peine. Lénine cherche des volontaires, Joseph se sent une nouvelle fois menacé.

Le 18 juin, Joseph et Olga, bien qu'agnostiques, s'épousent à la synagogue : le mariage civil n'existe pas en Russie. Leur repas de noce se résume, en période de famine et de choléra, à un ragoût de pommes de terre agrémenté d'un morceau de viande subtilisé aux officiers. A cinquante ans de distance, le 18 juin 1968, ils fêteront leurs noces d'or au cabaret Raspoutine, à Paris.

Il est temps de quitter la Russie. En Europe centrale, l'apprentissage des langues domine une éducation tournée vers l'extérieur. Dans l'Europe du prince de Ligne, on parle français de Luchon à Arkhangelsk. Le français est la première langue étrangère utilisée en Russie. Joseph et Olga, cependant, ne rêvent pas à la France, patrie des droits de l'homme, terre d'asile, etc., mais à l'Amérique, parce qu'elle représente le Nouveau Monde. Cette génération d'émigrés russes, qui, comme Mitia, dans *Les Frères Karamazov*, rêvait d'outre-Atlantique, a fondé Hollywood.

Pour Olga et Joseph, Constantinople puis Paris ne sont que des étapes avant la traversée. « Encore une fois, je me suis débrouillée, raconte-t-elle sur la cassette de l'été 1974. On se battait entre les blancs et les rouges. On ne laissait plus les hommes sortir du pays. Un bateau partait pour le Caucase avec des soldats libérés. Je monte avec mon mari sans bagages, sans rien. Je suis allée supplier l'officier. " Prenez mon mari. " Les soldats l'ont caché, sans papiers, sous leur capote... »

Olga voyage de son côté. Dans ses bagages, elle range un dessous-de-plat en marqueterie de pierres semi-précieuses figurant trois poulets, une petite théière en porcelaine bleue ornée d'un firmament étoilé, une paire de gobelets à thé en argent. Deux croisés en armure les décorent, protecteurs de ce petit couple frêle. Voyageurs précoces, Olga et Joseph forment un archétype moderne et poignant, poupées Peynet du nomadisme européen.

En 1919, avec le courage de tous les boat-people, Olga et Joseph embarquent à Batoum, sur la mer Noire. Un bateau les mène à Constantinople. Lorsque Michel Besman, le jeune frère d'Olga, à peine âgé de quinze ans, tente de les rejoindre sur un bateau ottoman, il est capturé par des pirates. Ceux-ci le dépouillent et le relèguent sur une plage turque d'où il rejoint péniblement Constantinople. Sa mésaventure ne surprend pas Olga : son jeune frère est un âne. Elle méprise l'échec et la maladresse. La sœur jumelle de Serge Gainsbourg, Liliane, traite sa mère de « peau de vache ». Liliane n'est pas une hérétique, c'est la gaffeuse de la famille. Elle dit ce qu'elle pense, omettant par inadvertance de couvrir les légendes falsifiées. Les Ginzburg disent : « Liliane n'est pas médiatique. »

La version press-book de Serge Gainsbourg est plus romanesque : « Au lieu de l'égorger, ils le foutent à poil, le mettent dans un tonneau et le rejettent à la mer en lui disant : " Maintenant, tu te démerdes. " » Serge Gainsbourg a lu et adoré *Robinson Crusoé*.

Capitale de l'Empire turc en décomposition, Constantinople est à la Première Guerre mondiale ce que Tanger ou Lisbonne seront à la Seconde. Sordide et fastueuse, la ville recueille aristocrates russes en exil, espions bolcheviques ou réactionnaires, carabiniers italiens, matelots français, trafiquants sur le retour, modistes parisiennes approvisionnées par l'Orient-Express, tout un méli-mélo cosmopolite dont la littérature d'avant guerre a fixé l'atmosphère. Joseph joue du piano afin de gagner l'argent de la traversée.

« L'orchestre partait comme un coup de feu, jouant des valses au divan du fumoir couvert de faux boukharas, aux lampes de mosquées faites de bouteilles à soda, à l'état-major grec, palikans anglomanes tout en galons d'or et en poils noirs [1]. »

Oreille aérodynamique, bouche en cerise, œil asiate et lorgnon, Joseph ressemble à son fils, en plus dodu. A Batoum, quelques semaines auparavant, il s'est fait photographier avec Olga. Osier 1900 et ombre de palmier, il affronte l'objectif. La manière, trop directe, rappelle celle de son fils, des années plus tard : sous la fausse assurance, on décèle la timidité, note de fond du caractère Ginzburg.

Dans le désordre de Constantinople, Joseph poursuit son apprentissage musical, déchiffrant les airs à la mode sur de petits formats qu'il achète en ville. En Russie, il n'a étudié que la musique classique. Les bars du port sont sa nouvelle école : il passe avec

1. Paul Morand, *La Nuit turque, in Ouvert la nuit; fermé la nuit,* Gallimard, 1957.

agilité des valses au ragtime. Le pianiste de bar doit mémoriser rapidement.

« L'orchestre jouait une chanson plaintive et légère de plus en plus, comme la voix d'une trompe qui s'éloigne. Toute la société reprenait en chœur. Le désordre des couverts, la cendre des cigarettes à long bout de carton sur les nappes, les verres renversés, les chats angoras qui erraient de table en table, les ventilateurs bousculant un air vicié, les défaillances du piano, toute cette mise en scène de débauche s'effaçait devant ce grave cantique des voix russes qui s'élevait vers le plafond comme une prière d'exil [1]. »

Les Ginzburg se font établir, n° 2812, un faux passeport de l'Empire ottoman, au nom de Sa Majesté impériale le Sultan. Un carnet pour deux : leur photo, côte à côte, figure sur la couverture buvard frappée du croissant turc. Joseph y est ainsi décrit :

Taille : haute
Cheveux : châtains
Yeux : clairs
Nez : régulier
Bouche : *idem*
Moustache : mince, châtain
Barbe : rasée
Signe particulier : porte des pince-nez.

Le passeport est visé le 22 février 1921 par le consulat de France. « But de son voyage : étudier la musique. » Ce faux document est toujours considéré, en France, comme le véritable état civil d'Olga et Joseph Ginzburg.

Le 16 mars 1921, le couple et Michel Besman, remis à flot par son beau-frère, embarquent pour la France. Ils débarquent à Marseille le 25 mars. La même année, Joseph joue à la Chope d'Anvers, bou-

1. Paul Morand, *op. cit.*

levard Rochechouart. Le frère aîné d'Olga, Jacques Besman, s'est installé à Paris en 1913. Il est employé à la banque Dreyfus.

Couple d'oiseaux migrateurs, ils ont ainsi slalomé à travers les décombres du monde d'avant la Grande Guerre, défunte Russie des tsars, ruines de l'Empire ottoman, station Pigalle tout le monde descend, pour se poser place Clichy, au marché des musiciens, soudés par l'instinct de survie. Intacts dans leur paquetage, les gobelets ornés de croisés, le dessous-de-plat, la théière, épargnés miraculeusement par les millions de bombes. Brisée à jamais, en revanche, leur topographie mentale. Amateurs d'avant-garde, ils arrivent avec dans la tête... Maupassant et Chopin. A Paris, les voilà nez à nez avec Stravinski, Schönberg, Braque, Picasso, Satie, les fauves, Lautréamont, Proust...

Paris oublie la plus horrible des guerres dans la fraîcheur des nouveautés. En 1920, elle possède l'éclat d'un mirage : c'est Londres en 1960, New York en 1970. Le léger, le pétillant Jean Cocteau mène la revue. Autour de lui s'est formé le Groupe des Six : Georges Auric, Louis Durey, Arthur Honegger, Darius Milhaud, Francis Poulenc, Germaine Tailleferre. Au Bœuf sur le Toit, ils ont interprété *Les Mariés de la Tour Eiffel*, une farce-ballet de Cocteau. Diaghilev confie à Stravinski un manuscrit inédit de Pergolèse afin qu'il en tire un ballet de style italien, *Pulcinella*, dont Picasso crée les décors. A l'arrivée des Ginzburg, le jeune Arthur Honegger donne *Horace victorieux*. Honegger est alors populaire : il a pratiqué tous les sports, aime les voitures rapides, porte le manteau de cuir des automobilistes. Dans *Pacific 231*, il célèbre la vitesse et la locomotive. L'année précédente, détail qui a de l'importance pour Serge Gainsbourg, Max Ernst a exposé à Paris ses premiers collages, incorporant des éléments photographiques dans ses peintures. La Closerie des Lilas est le centre nerveux du surréalisme, dont le manifeste est publié en 1924.

Olga et Joseph, grisés par tant d'allégresse, tombent sous le charme. Ils adoptent Paris. Et Paris les embauche, qui a besoin de musiciens.

Après la Seconde Guerre mondiale, Olga Ginzburg tente auprès de la Croix-Rouge de retrouver sa famille demeurée en Union soviétique. Elle n'en trouve aucune trace. Des huit enfants Besman, elle était avec deux de ses frères, Anani, le tailleur, et Jacques, le banquier, l'unique survivante. Eût-elle épousé son vieil armateur, elle serait sans doute morte jeune, quoique riche. Olga n'a jamais fait de mauvais choix. Seul un frère de Joseph vivait encore à Bakou. Après la mort de son époux, Olga égara l'adresse de ce beau-frère ; elle le jugeait négligeable.

Lucien prend des baffes

Que reste-t-il d'une enfance? Ce qu'on n'a pas gommé. Violence des émotions, désespoirs incommensurables, humiliations, marques d'apprentissages, abandons, tout se dilue, s'efface. Seule l'amnésie permet de survivre. L'enfance est une défaillance de la mémoire.

« Je me souviens avoir trépigné de fureur à l'âge de deux ans parce que j'ai vu partir ma sœur aînée, chouchoutée par mon père, tandis que je restais chez une nourrice à la campagne [1] », raconte Serge Gainsbourg. Pourquoi cette bribe-là? Elle rappelle que Lucien et Liliane furent d'abord élevés par une nourrice, sans qu'on sache trop pourquoi. Que Joseph avait une inclination pour sa fille aînée. Voilà

1. *Elle*, 17 avril 1978.

un des seuls souvenirs exhumés de leur petite enfance.

Un peu plus tard, la rue Chaptal est une niche écologique, un biotope : les Ginzburg vivent entre eux, sans même infuser dans la communauté russe. Ils sont marginaux jusque dans l'exil, recréant chez eux un petit Transkei. « Il y avait cette notion de ghetto qui implique beaucoup de réserve, beaucoup de retenue, et, en définitive, de misanthropie », a regretté Gainsbourg.

L'appartement comporte trois pièces : un salon où reposent les parents sur un divan recouvert dans la journée de velours vert. Une chambre-bureau à usages multiples. Les filles y dorment sur un cosy-corner, les leçons s'y récitent à voix haute, les repas s'y prennent sur une table escamotable. Lucien occupe un lit pliant dans la salle à manger, dont la lourde table en loupe et la belle vaisselle rangée dans deux buffets à dessus de marbre noir ne servent que pour les réceptions. L'appartement témoin des années 30. Il n'y a pas de salle de bains. On se lave à l'eau froide, sur l'évier ou aux bains-douches. Lucien déteste se laver. Sa mère le toilette en traître, le lavant par-derrière avec un gant savonneux.

Les dimanches, on s'ennuie en famille. Pour les invités, on hisse les enfants Ginzburg sur une grosse valise improvisée en estrade. Tous trois entonnent les succès du moment : « C'est nous, les gars de la marine... »

Les Ginzburg se rendent chez Anani Besman une semaine sur deux. Anani est l'autre frère d'Olga, il est tailleur, père de deux enfants. Jacques Besman, lui, vit à Melbourne une partie de l'année, où il dirige la succursale grains de la banque Dreyfus. Lorsqu'il transite par Paris, Olga recherche sa compagnie : son frère représente la réussite matérielle à laquelle elle est sensible. Et que lui refuse son mari, égaré dans le milieu des musiciens, qui composent aux yeux d'Olga une race de pochards.

Toute la nuit, Joseph joue au cabaret Les Enfants de la Chance. Le marché aux musiciens de la place Pigalle est son agence de recrutement. Dans les brasseries règne une atmosphère évoquant la bourse aux diamants d'Anvers. Au milieu des Tziganes et des orchestres nègres, des marchands de tango, « vous savez comme nous que lorsque lé tango il chante, les femmes elles font l'amour debout [1] », des accordéonistes français, des troupes de balalaïkas russes, Joseph Ginzburg vient proposer cette chose minuscule, précaire, son modeste talent de pianiste. A cette période, il joue dans un jazz-band, The Tortorella's. Il évite les orchestres russes : il refuse la nostalgie et souhaite s'intégrer. En quarante ans de carrière, il travaille chez plus de cinquante employeurs, parfois seulement quelques semaines. Quarante ans de casinos et de boîtes à travelos, dont il fait la fermeture. De la Chope d'Anvers (1921) au Domaine d'Angione (1961), sa carrière ne connaît pas de chômage. Il use d'un pseudonyme, Jo d'Onde. Son sérieux est connu : en l'absence de contrats écrits, seule vaut la parole d'un homme. Joseph est un type réglo. Au travail, il ne terrorise personne. Il se plaint. De son fils. « C'était un homme très bien. Son fils le tracassait beaucoup. Il ne le trouvait pas assez ambitieux », raconte Léo Parus, qui pratiquait le même métier que Joseph.

A l'aube, Joseph rentre au 11 *bis*, rue Chaptal, s'élève à pied jusqu'au troisième étage et se couche jusqu'au déjeuner.

Joseph n'aime pas son métier. Gagnant sa vie avec la musique de variétés qu'il méprise, il ne joue chez lui que des œuvres classiques, leur vouant un culte quotidien. Chaque après-midi, il s'installe au salon

1. Maurice Verne, *Les Amuseurs de Paris*, Éditions de France.

devant un piano droit acheté à l'Hôtel Drouot, comme tout le mobilier disparate de la rue Chaptal. Son choix décoratif est éclairé mais spartiate. On boit de l'eau à table. On prend le métro, moins onéreux que l'autobus. Si Joseph fume un cigare après le déjeuner, il le rallume le soir. Seule la peinture échappe à ses lois somptuaires. Joseph apprécie Matisse, César, Vlaminck, Derain, les impressionnistes. « Avant-garde » est le suprême éloge, « pompier » ou « béotien » l'insulte ultime. A Drouot, il regarde les toiles et même en achète à prix modeste. Un tableau impressionniste de Caillebotte, qu'il a ainsi acquis, a été revendu chez Christie's, dans les années 80, près d'un million de francs.

Son bonheur est le rendez-vous quotidien qu'il s'autorise avec Scarlatti, Bach, Chopin, Vivaldi, Rachmaninov, Liszt, Ravel, Prokofiev, Stravinski. « Épictète, que j'ai lu peut-être trop tôt, m'a inculqué le dédain pour les métiers des hommes : tout était petit, étriqué... Ce Grec a peut-être été le précurseur du nihilisme russe. Pour moi, il n'y avait que l'Art qui était élevé, le reste était terre à terre donc négligeable [1]. » Joseph n'a pas confiance en lui-même. En art, il est obnubilé par la cote qu'il faut attribuer à chacun, plus que par le plaisir des œuvres.

Rue Chaptal, l'atmosphère est puritaine. Dans leurs récits, les trois enfants insistent sur la gaieté et minimisent la tristesse, comme pour protéger leurs parents. « L'atmosphère était très gaie à la maison : ma mère fredonnait souvent des romances russes et nous étions fiers de la profonde tendresse qui unissait nos parents. Mon père était en adoration devant ma mère : les jours où elle était préoccupée, elle ne chantait pas ; il s'en apercevait tout de suite [2]. » Il vient l'embrasser, l'appelle « ma joie », « mon

1. Gilles Verlant, *op. cit.*
2. *Id.*

soleil ». Olga, elle, n'est pas démonstrative. C'est une femme distante. Peste. Elle cultive l'art de pousser à bout son mari, le harcelant jusqu'à la crise de nerfs. « Elle le mettait hors de ses gonds et ensuite, afin de souligner son absence de sang-froid, d'un petit geste de la main, elle lui faisait pschitt-pschitt », raconte Jacqueline. Après la mort de Joseph en 1971, Olga prononce une stupéfiante oraison funèbre : « J'avais un véritable esclave et je ne m'en rendais pas compte. » En signe de grand deuil, elle refusa désormais de jouer à la belote : « Je me suis assez amusée avec lui. Maintenant, c'est fini. »

Esclave d'Olga, Joseph est le tyran de ses enfants. En 1934, Lucien a six ans et apprend le piano. Au retour de l'école, son père lui inflige une leçon d'une heure. Soixante minutes de terreur et d'humiliation. Joseph investit le destin de son fils unique. Il tire des traites sur l'avenir, reportant sur l'enfant ses ambitions. Lucien doit accomplir ce que Joseph a raté. Médecin, avocat, professeur à la rigueur. Ou grand maître de la peinture. Joseph s'approprie le futur du petit garçon. Lucien n'a jamais osé réclamer son bien.

L'éducation des enfants mobilise toute l'énergie du père. Tous les jours, il se consacre à chacun d'eux, les initiant après la classe à la musique, au dessin, à la littérature. Peu d'enfants bénéficient d'autant d'attention. Ce n'est pas un cadeau. Rigide, trop désireux d'*éduquer*, Joseph force la dose. Si le garçonnet ne devient pas un battant, au moins aura-t-il été battu. Lucien apprend le solfège à coups de brimades. Il doit déchiffrer des morceaux choisis de Bach, Mozart, Beethoven. Plus tard Cole Porter, Gershwin, le tango, le fox-trot, la java, le paso doble et les harmonies les plus diverses. Dans la douleur.

Avant chaque leçon, sa sœur place un mouchoir à gauche du clavier. Bientôt le père s'emporte, pique une crise : « Pourquoi as-tu fait ça?

– Mon doigt a accroché. »

Gifles. Hurlements. Humiliations. C'est pour ton bien. Loin de soutenir l'apprenti musicien, Joseph fustige l'amour-propre de l'enfant. Gainsbourg en conserve un souvenir si douloureux qu'il se méfie de lui-même : il décide, pour l'initiation musicale de son propre garçon, Lulu, de recruter un professeur.

Les châtiments corporels sont de rigueur. La correction à la ceinture, pantalon sur les chevilles, à la cosaque, s'inscrit dans la pédagogie de Joseph. Et sur les fesses de son fils. Les Russes sont les spécialistes du fouet, dénonce Dostoïevski. La cravache est un privilège de Lucien, ses sœurs en sont exemptées. Jacqueline, que Lucien jalouse, n'a reçu sa première gifle qu'à dix-huit ans. Sa mère patiente avec hypocrisie dans la pièce voisine. Puis elle console l'enfant : « mon pauvre garçon... » Coups et caresses. Maso-Olga et Sado-Jo sont dans un bateau.

Après les corrections, le soir, au dîner, Joseph demande pardon à Lucien. L'enfant est privé de révolte : comment se rebeller contre un faible? « J'admettais ce côté disciplinaire mais ce que je trouvais intolérable c'était que le soir, au dîner familial, il s'excusait de sa brutalité. Dans ma petite tête d'oiseau, j'aurais préféré qu'il soit dur et qu'il le reste. Il avait un cœur en or, il se justifiait vis-à-vis de moi et ça me perturbait [1]. » La confusion créée par son père, sa lâcheté sont restées entre eux. « Il considérait mon père comme un minus », dit Jacqueline.

Refoulant ses souvenirs cuisants, après la mort de Joseph, Serge Gainsbourg confesse publiquement qu'il regrette de ne pas avoir mieux compris son père. Dans leurs souvenirs, aucun des trois enfants

1. Gilles Verlant, *op. cit.*

ne dénonce les mauvais traitements. Ils dépeignent Joseph en homme doux et tendre. Il l'était probablement aussi. C'est le syndrome de Stockholm appliqué aux ex-enfants : la victime amnistie son bourreau, avant toute forme de procès. « Quand je compose des nuits entières à m'en faire saigner les doigts, je pense à lui », dit Lucien en 1989. Il a fait sien le dogme parental, celui du perfectionnisme. Il ne peut éprouver de ressentiment : il a pitié de son père. Il connaît sa faiblesse, il le sait dominé par Olga, par ses patrons, par tous. Joseph est un faux dur, un gueulard qui ne se mue en despote qu'à la maison avec son fils.

Serge Gainsbourg, rebelle de music-hall, s'est toujours interdit de critiquer son père. De le remettre à sa place.

Lucien au goût délicat

Le jeune Lucien, cependant, retourne la cruauté paternelle à son avantage. Il donne ses premières représentations théâtrales. Rue Chaptal, il est parfois enfermé dans l'obscurité du débarras qui sert de penderie. Peureux, il redoute ce châtiment. « Dans les ténèbres il m'a fait habiter comme les morts d'autrefois. » Lucien brave l'interdit et allume la lumière. Provocation. Entrouvrant la porte, en larmes, il montre une figure si piteuse que ses sœurs éclatent de rire. Elles se paient sa tête. Lucien finit par rire, lui aussi. « Jean qui rit, Jean qui pleure », se moquent les filles. Il bouffonne. Captiver ses sœurs est une revanche. Lucien rode sur son premier public un de ses grands trucs : l'autodérision. Mettre en scène ses propres malheurs. Déguiser sa détresse jusqu'à en oublier le motif. « Il en rajoutait », dit Jacqueline. Elle, qui n'a cessé de sa vie de rire, est sa première admiratrice. « Les punitions ne servaient à rien, il disait : “ j’le ferai plus ! j’le ferai plus ! ” mais il recommençait toujours », dit-elle. Lucien aime faire le clown, bluffer, imiter les passants sur un air de fanfare, dessiner des caricatures à la manière de *Mickey Magazine*. Cinquante ans plus tard, voyageant avec sa compagne Bambou, il se fera encore photographier dans les Mickeys en carton d’un luna-park.

Lors des incidents mineurs, il use d’un pis-aller bien connu des inconsolables : prendre goût à son chagrin, en extraire de la volupté. La recette est simple ; après la raclée, se coucher sur le dos, dans le lit de fer pliant de la salle à manger. Perdu au milieu des meubles monumentaux, attendre l’instant délicieux où la larme, dévalant la joue à la verticale, atteint la commissure de l’oreille. Se sentir alors l’enfant le plus heureux et le plus malheureux de la terre.

Autre consolation solitaire, la kleptomanie. Lucien chaparde des soldats de plomb, des petites voitures de course. Faute de les rapporter rue Chaptal, il les offre à ses camarades de l’école communale de la rue Blanche. Un jour, il est surpris en flagrant délit. Le directeur du magasin envoie chercher son père. Lucien donne une fausse adresse et se fait botter les fesses. Humilié, il ne recommence plus. Jusqu’au jour où, au Ritz, il vole une clé de chambre et un cendrier. Le personnel notifie l’infraction à un de ses meilleurs agents publicitaires. Serge Gainsbourg abandonne à jamais la place Vendôme.

Lorsqu’on lui ôte les amygdales à l’hôpital Saint-Louis, Lucien reçoit une auto de course en métal d’un rouge marquant, que l’on remonte avec une clé. Il est émerveillé : elle part buter contre le mur à vive allure, ce ravissement subsiste dans sa mémoire. Les cadeaux sont rares. Il possède un tank dont le canon lance des étincelles, un Meccano, un gyroscope. C’est tout.

Il vole aussi de l'argent dans le sac de sa mère et fait l'école buissonnière. Il est le chouchou, elle feint de ne rien voir. Il traîne dans la rue. Le 9e arrondissement, pêle-mêle d'anciens appartements aristocratiques où bivouaque une bohème d'artistes et d'émigrés, est un quartier séduisant. Puis il achète des délices, bonbons et rouleaux de réglisse à l'épicerie de la rue Blanche, Le Goût Délicat, qu'on appelle Le Goût Délik.

1939. Lucien à la plage

A la mi-juin 1939, sans même attendre la distribution des prix, la famille Ginzburg débarque à Dinard en grand équipage, avec quelques mois d'avance sur la mode « exode » du printemps-été 1940. A la descente du train, voyage en troisième classe, la famille se rend directement sur la plage avec cartons et valises ficelés. Laissant le bagage à la garde des enfants, Joseph et Olga partent en ville à la recherche d'un logement pour l'été. L'opération « débarquement » est un rituel estival. Les parents, duettistes, excellent en ingéniosité. Joseph fait la saison au casino. Chaque été, il recherche un engagement balnéaire afin d'emmener ses enfants en vacances, devançant ainsi la vogue des congés payés. De 1928 à 1933, la famille s'installe à Bordeaux et les enfants passent les étés à Arcachon, puis à Alger, Cabourg, Trouville.

Les parents reviennent. On emménage pour deux mois au 40, rue de la Vallée, à Dinard. Une construction modeste, en retrait de la plage et des maisons de famille. Les enfants retournent à Paris, afin de participer à la distribution des prix. Jacqueline en reçoit beaucoup, Lucien un peu moins, Liliane pas du tout. Puis les vacances débutent.

Chaque matin, Lucien travaille le piano boulevard Albert-Ier, dans le casino désert, au milieu des stucs et des femmes de ménage. Joseph veille aux exercices de vacances. L'atmosphère est imprégnée des effluves nocturnes. Une boîte de nuit qui entrouvre sa porte, c'est un flacon qui laisse échapper de l'ivresse. L'odeur organique et climatisée qui émane des établissements de nuit est un concentré âcre et délicieux de tabagisme, de crypte, d'excès. Qui l'a goûté enfant ne l'oublie plus. Loin de susciter la réminiscence, comme une essence proustienne, elle projette en avant. Elle est le parfum grisant de l'attente ; elle promet un je ne sais quoi, la quintessence des félicités adultes. La délivrance de l'enfant triste.

Olga va au marché où les enfants aiment l'accompagner, admirer les beaux fruits, les beaux légumes des étals campagnards. Olga rentre et cuisine. Tous ont conservé le goût de ses festins. Arrivée tardive à la plage. Les autres familles partent déjeuner : à cette époque, pique-niquer sur les grèves est insolite. Silence sur la plage vide. Isolement des Ginzburg, exil jusqu'aux bains de mer. Retour à la maison pour déjeuner lorsque les autres estivants reviennent. Les Ginzburg vivent décalés. La maison est éloignée. On marche. On marche beaucoup. Re-plage en fin de journée. Les trois petits Ginzburg, trop timides pour se lier, ne jouent qu'ensemble. Lucien n'a pas un seul copain et Jacqueline, qui approche de l'adolescence, rit sans motif dès qu'on lui adresse la parole. Elle n'a pas changé depuis.

Dinard est une station élégante, qui compte deux palaces. A la sortie du Grand Hôtel, avenue George-V, Lucien, jeune garçon efflanqué en short et sandales, observe les rupins. Il est envoûté par la féerie. Les concours d'élégance, créatures de rêve évoluant en voitures étincelantes, l'enchantent. A cette époque, le Bottin mondain signale les propriétaires d'automobile. Delahaye, Talbot, Delage, Bugatti avec chauffeur, fées haute couture, chiens de race. La vie des Ginzburg est frugale. On a le nécessaire mais pas le délicieux. En avril, pour son anniversaire, Jacqueline a donné à Lucien les *Contes* de Grimm.

Reconnaît-il dans les palaces une traduction moderne des châteaux enchantés? Fasciné par la chorégraphie lustrée des riches, il oublie de faire le pitre. Plus tard, Serge Gainsbourg se souvient même de fiacres, de chevaux enrubannés et pomponnés, qui promènent de mirifiques clients. Les Ginzburg, eux, marchent toujours et encore. La maison de location est située loin du front de mer, loin des palaces. L'amour du luxe, qui est un peu la féerie moderne, est-il venu à Lucien ces étés-là?

Lucien est tendre, impressionnable et reconnaissant. Les souvenirs persistent. En 1955, il travaille au Club de la Forêt, au Touquet, et habite une chambre de bonne. Afin d'émerveiller sa sœur aînée, il l'installe au Westminster, le grand hôtel de la station, au charme britannique, inauguré dans les années 30. En 1987, il joue de nouveau les enchanteurs. Alors qu'ils dînent tous deux au bar du Ritz, à Paris, Serge Gainsbourg s'absente, revient et dépose des clés sur la table : il a réservé à sa sœur une suite pour le week-end, fait livrer fleurs et chocolats. En souvenir de l'été 1939?

« Boum, le monde entier fait boum », chante Charles Trenet en cette saison. Le 1er septembre 1939, l'armée allemande envahit la Pologne. Le 3, à la suite de l'Angleterre, la France déclare la guerre à l'Allemagne. Les Ginzburg rentrent à Paris mais Liliane rate l'examen d'entrée en sixième. « Quelle saison préférez-vous? » est le sujet de composition française. Lorsque son père rentre du marché aux musiciens, il annonce : « J'ai trouvé une saison pour tel ou tel endroit. » Liliane, l'extraterrestre du trio, a répondu : « La saison à Trouville. »

La famille retourne à Dinard où se forme un lycée de guerre : l'établissement accepte Liliane. Les études des enfants passent avant tout. « De toute la guerre, ils n'ont jamais perdu une année scolaire », dit fièrement Olga. Ils passent douze mois plaisants. Le lycée est situé dans un manoir, au milieu d'un parc sur l'embouchure de la Rance. Les Ginzburg se réinstallent rue de la Vallée. C'est une année de vacances. Ils lisent les premiers numéros de *Robinson*. Lucien est passionné par Guy l'Éclair, dont les aventures se déroulent dans le cosmos.

Sur les photos, Lucien est beau, bronzé, dans la dernière saison de la grâce enfantine. Les albums familiaux, certes, sont trompeurs : on y met en scène les grands moments, lorsque toute la famille est astiquée. Au montage, on retranche les documents douteux. Néanmoins Lucien a été heureux à Dinard : il y a respiré, échappant sans doute au huis-clos de la rue Chaptal.

Pendant ce temps, Hitler efface la Pologne de la carte en trois semaines et en partage les dépouilles avec Staline. Paul Reynaud gouverne la France : « Vaincre c'est tout sauver; succomber c'est tout perdre. » Le 10 mai 1940, les divisions blindées allemandes traversent la Meuse à Sedan, fournissant une nouvelle distraction aux petits Ginzburg : à Dinard, sur la place du marché, ils regardent arriver camions et charrettes de l'exode. Les départements du nord et du nord-est de la France refluent. Les armées se succèdent, Belges, Français, Anglais transitent à Dinard. Début juin, les Anglais abandonnent Saint-Malo et mettent le feu aux réservoirs d'essence. Pyrotechnie. De Dinard, le trio contemple les volutes noires qui s'élèvent vers le ciel comme des montgolfières. Quelques jours plus tard, les enfants sur la plage aperçoivent une silhouette vert-de-gris, seule sur la digue. Lucien Ginzburg examine son premier soldat allemand. Le 16 juin, Pétain obtient les pleins pouvoirs et demande l'armistice. Les Allemands déroulent du barbelé sur les grèves et bâtissent les bunkers du mur de l'Atlantique. La plage, c'est terminé.

Lucien à la ferme

En 1941, à l'orée de l'adolescence, une circonstance accentua sans doute la singularité de Lucien Ginzburg et peut-être affûta sa sensibilité. C'est la délicatesse de sa santé, l'amenant bientôt entre vie et mort.

Supporte-t-il mal le retour à Paris? Pendant trois semaines il reste alité, le ventre étrangement gonflé. Les médecins se succèdent. Il maigrit et ne quitte plus le lit. Un après-midi, Jacqueline joue avec une amie sur le tapis de la salle à manger, où Lucien repose. Il leur défend l'approche de la table. Intriguées, elles se penchent, apercevant sur les traverses un véritable garde-manger: Lucien cache tous les sandwichs à base de P'tit Lu que sa mère lui prépare, afin de séduire son appétit. Les Ginzburg parviennent à consulter le professeur Robert Debré, le plus prestigieux pédiatre de l'entre-deux-guerres. Il détecte une péritonite tuberculeuse, maladie presque mortelle. On soigne Lucien. Il se remet à grand-peine. La maladie trace autour de l'enfant un cordon sanitaire.

L'exil commence à sa convalescence. On l'envoie à Courgenard, dans la Sarthe, au sein d'une famille paysanne, les Dumur. Autant dire au djebel Nouba. Tout ratatiné, cacochyme, Lucien s'appuie sur une canne. La solide santé des enfants de paysans qui raillent sa cachexie l'accable. Lucien n'a plus que la peau sur les os. Durant six mois, la faiblesse de sa constitution l'écarte de la vie solitaire mais protégée qu'il a menée au sein de sa famille. Dans la Sarthe, il se replie sur lui-même. Toute la journée, il dessine des bandes dessinées imitées des premiers *Mickey*. Jacqueline a pieusement conservé ses carnets. Petits paysages naïfs à la Walt Disney, chaumières de Blanche-Neige, châteaux forts avec donjons, fermettes, ornementés de détails minutieux.

Conjurant l'ennui, il invente un personnage, le professeur Flipus, le bien nommé, aux mésaventures burlesques. Tracées à l'encre noire, inspirées du savant Cosinus, elles montrent un talent de jeune dessinateur très soigneux.

Depuis le 1er décembre 1940, le Club Mickey véhicule la propagande maréchaliste, sous la signature de « Votre vieil Onc'Léon ». « Mes chers neveux et nièces, je suis sûr qu'en ce moment, à l'emplacement d'honneur dans votre chambre, rayonne le visage du chef qui mène notre France vers ses nouveaux destins ! Ce visage, ce portrait, vous l'avez acheté le dimanche où notre pays tout entier a répondu à l'appel du Maréchal pour le Secours national d'hiver. »

Olga ne reconnaît plus son petit garçon, son favori. Le bel enfant efflanqué de l'été breton devient un adolescent émacié, doté d'une paire d'oreilles paraboliques, trop vastes dans toute cette maigreur. Après cette maladie, il n'est plus le même. Olga le trouve moche et n'hésite pas à exprimer sa déception. L'adolescence est une épreuve pour les enfants, mais aussi pour les parents, qui y perdent leurs rêves.

L'hypersensibilité de Lucien l'avertit aussitôt de ce retournement d'affection. Lucien était timide, sensible et s'abritait derrière ses sœurs. Après Courgenard, c'est un être en disgrâce. Il se retranche. Le voici misanthrope.

Lucien et la fête des Mères

Le 25 mai 1941, le maréchal Pétain invente la fête des Mères. Il semble l'avoir créée à l'usage d'Olga Ginzburg. « Ta maman a tout fait pour toi. Le Maréchal te demande de l'en remercier gentiment », dit l'affiche d'Alain Saint-Ogan, le créateur de *Zig et Puce*, placardée dans toutes les écoles lors de la première commémoration. Chaque enfant est sommé de célébrer sa génitrice. « Invente la surprise la plus belle que tu pourras, celle qui lui fera le plus grand plaisir. » Lucien est un bon fils. Il le restera.

Olga est la femme de la vie de Gainsbourg, son adorée. Il en a fait sa première admiratrice. Adulte, il lui offre un diamant de Cartier monté en solitaire. Avant d'entrer en agonie, le 16 mars 1985, elle le lui restitue, afin qu'il porte à son tour la pierre, symbole d'amour éternel. Gainsbourg l'enfile à l'annulaire de sa main gauche, où elle roule autour de ses doigts amaigris, telle une alliance. Il a emporté la bague dans sa sépulture. Au cimetière du Montparnasse, Lucien repose aux côtés d'Olga. Lorsqu'il a acquis la concession, il n'a pas prévu de place pour ses sœurs. Il devait plusieurs fois la vie à sa mère.

La guerre a été la grande période d'Olga Ginzburg. Puissance tutélaire, aux yeux de ses enfants elle dispose de facultés sensationnelles. Femme pratique, Olga est à son aise dans l'action, lorsque la vie quotidienne se complique. Comme tous les Parisiens, elle fait l'expérience des restrictions. Dès l'été 1940, un service de ravitaillement est mis en place : pain, sucre, café, matières grasses, viande, pommes de terre, lait, vin sont rationnés. Bientôt il n'y a plus de produits alimentaires en vente libre.

Selon une enquête sur les conditions de vie en région parisienne demandée par le maréchal

Pétain [1] et effectuée du 1er septembre au 20 octobre 1941, 48 % des personnes interrogées se déclarent « pas heureuses » contre 43 % « heureuses », les raisons du « malheur » se fondant essentiellement sur les conditions de vie matérielle (argent, approvisionnements). Olga s'organise. Elle se ravitaille à Courgenard. « Je rapportais plein de paniers. Mes enfants avaient à manger jusque-là! Des porcs, des lapins, des mottes de beurre [2]... »

La vie devient très difficile. Le 3 octobre 1940, de son propre chef, le gouvernement de Vichy établit un « statut des Juifs » les excluant de l'administration et de diverses professions. Le statut est durci le 2 juin 1941. Les Juifs sont privés de leurs biens; la plupart des activités professionnelles leur sont interdites. Joseph ne conserve son emploi à la Cabane Cubaine que jusqu'au printemps 1942.

« Les Juifs étaient bêtes, bêtes comme pas permis, dit Olga. Ils ont dit : " On ne touchera pas les Juifs, il faut les enregistrer pour savoir combien il y en a. " Alors chacun doit se présenter à la police pour donner son nom et tout. »

Climat orageux rue Chaptal où Olga et Joseph se divisent sur la conduite à adopter.

« Olga : Tu sais, je veux pas que tu le fasses.

Joseph : Ah non! Il faut!

Olga : Tu verras, après on aura des ennuis.

Joseph : Mais non, penses-tu. »

Joseph n'est pas crétin : il est partagé. Reconnaissant envers la France de l'avoir accueilli, il souhaite se montrer bon citoyen. Par décision du président de la République française, Albert Lebrun, il a été naturalisé français le 9 juin 1932. Il dit : « Quand on est immigré, il faut bien se tenir. » Il est un émigrant modèle, comme plus tard Serge Gainsbourg, son fils,

1. *La Propagande sous Vichy*, BDIC, 1990.
2. Entretien cité.

se montrera un citoyen docile, réglant ses impôts comptant, dans l'heure, sans jamais tricher. Fumant exclusivement des cigarettes de la Régie nationale des tabacs.

« Les premières lois antijuives, nous les avons attribuées aux nazis, dit Jacqueline Ginzburg. En France, nous sentions un antisémitisme latent mais inoffensif. Nous savions que des gens étaient déportés : c'était une abstraction. Sinon, nous nous serions cachés davantage. »

Certaines familles juives, confrontées au même dilemme, ont refusé de se déclarer. La suite leur a donné raison : des musiciens ont passé la guerre à Paris derrière leur piano, le plein emploi régnant.

« Sitôt les Juifs enregistrés, chacun a reçu l'ordre de revenir à la police pour recevoir l'insigne. Là, tout le monde voyait qu'on était juif », dit Olga, qui poursuit ses importations en direct de la Sarthe, bravant le danger. Les risques sont grands de se faire arrêter dans le train entre Paris et La Ferté-Bernard, sans l'étoile jaune. « Vous risquez beaucoup, tout le monde m'a dit. » Olga joue avec le feu, à sa façon astucieuse. « Nous on avait à manger et les autres mouraient de faim, sauf les riches qui achetaient au marché noir. »

Ses cartes de rationnement sont employées à de multiples tractations : elle troque du vin contre de la viande, du poisson et du tabac. « Puis ils nous ont interdit de sortir après huit heures le soir, puis on n'a plus pu voyager ni prendre le chemin de fer », raconte Olga. Et elle, toujours, file vers la Sarthe.

La neuvième ordonnance allemande du 8 juillet 1942 interdit aux Juifs la fréquentation des lieux publics. Pierre Laval livre les Juifs étrangers aux Allemands et leur offre même, le 6 juillet, « d'y comprendre les enfants âgés de moins de seize ans ».

Déchiré, Joseph, qui ne peut plus exercer sa profession à Paris, quitte la rue Chaptal afin de se rendre en zone libre avec un passeur. Seuls les hommes, croit-on, sont menacés. L'expérience est éprouvante : il perd vingt kilos. De nombreux musiciens sont réfugiés à Limoges. Joseph retrouve un autre pianiste russe, Léo Parus, qui travaille depuis 1939 au Café Riche. Il fait une tournée dans les Pyrénées, joue dans un bar de Bandol, pianote au casino d'Aix-les-Bains, puis au Savoie, à Lyon.

Dans la nuit du 16 au 17 juillet 1942, treize mille Juifs sont arrêtés lors de l'opération « Vent printanier » et conduits au Vélodrome d'Hiver. Le contingent de personnes raflées a été établi d'après le fichier de la Préfecture de police, où se sont spontanément déclarés 25 334 Juifs parisiens et 2 027 pour la banlieue. La communauté juive a plus ou moins été avertie de l'imminence d'une opération de grande envergure. Une feuille, en français et en yiddish, intitulée *Notre voix*, incite à la prudence. Olga, elle, est une personne bien organisée. Depuis la première rafle de mai 1941, les familles juives vivent dans le provisoire, s'avertissant mutuellement lorsque survient la rumeur d'une opération, grâce aux fuites de la police et de l'administration française. Ces soirs-là, les Ginzburg se cachent chez des amis.

Michel Besman, le petit frère d'Olga, est une nouvelle fois « malchanceux ». Il est arrêté, conduit au camp de Drancy, comme tous les célibataires, puis déporté à Auschwitz d'où il ne reviendra pas. Sur le mémorial juif, il apparaît sous le nom de Moshe.

Sur les vingt-cinq mille Juifs parisiens, neuf mille sont déportés cette nuit-là, avec quatre mille enfants. Les autres, aidés par des habitants de la capitale, commencent une existence précaire.

Depuis sa convalescence, Lucien prend des leçons de peinture à l'Académie Montmartre, entre les places Blanche et Clichy. Un officier allemand a posé son chevalet à côté de lui et peint sans se soucier de son étoile jaune. Celle-ci s'arbore surtout à l'école. Olga a confectionné des étoiles doublées d'épingles dissimulées dans les pointes des six branches. « Normalement, il fallait les coudre. » Les enfants peuvent ainsi ôter l'insigne le soir afin de se rendre au concert ou au cinéma. Liliane et Jacqueline sont, pendant trois mois, cachées à Senlis chez des religieuses. Olga anesthésie la vigilance de sa concierge parisienne, redoutable correspondante de la Milice. « J'avais un document de Petrograd, où je me suis mariée. J'ai enlevé la mention " juif " avec du Corrector et mis " orthodoxe ". J'ai montré ce papier à la concierge. » Elle lui raconte que son mari, un Juif, les a abandonnés, elle et ses enfants chrétiens orthodoxes.

« La Milice est venue et ils ont écrit " affaire classée ". » La concierge est d'autant plus obligeante qu'Olga l'approvisionne en vin. « Le vin nous a servi à beaucoup de tractations... Ma carte de ravitaillement me donnait droit à cinq litres... »

La mère de Lucien sauve les meubles

La statue d'Olga grandit. C'est grâce à sa circonspection que les enfants sont sauvés. Joseph a fui en zone libre avec un ami musicien, dont l'épouse bientôt peut le rejoindre. Elle recrute un passeur et propose à Olga de lui confier sa fille aînée, Jacqueline : les adolescents, dit-on, risquent la déportation. « J'ai dit : jamais de la vie je ne veux me séparer de mes enfants », relate Olga. La jeune femme insiste. « Quand mon ami écrira et nous dira de venir, nous partirons tous ensemble. Je ne veux pas vous donner ma fille. » La femme du musicien propose de prendre à sa charge les frais du voyage mais Olga est inflexible. Et elle ajoute, roublarde et lucide : « Elle voulait une compagnie, oui ! » La femme se met en route, seule. Elle est dénoncée. Déportée.

Olga organise enfin son départ. Sachant que les appartements des Juifs sont systématiquement pillés, elle simule un déménagement. « Lorsqu'on partait en zone libre, les chrétiens voulaient les appartements. Tout de suite on dénonçait les Juifs aux Allemands. Ils arrivaient et prenaient les meubles. Je me suis dit : c'est bien de partir en zone libre mais quand on reviendra, on n'aura plus de meubles, plus de linge. » Louant une chambre de service dans un autre immeuble de la rue Chaptal, elle y entrepose ses biens et confie le piano à des amis. « J'ai dit aux déménageurs : faites un grand tour, autrement on aura compris qu'on cherche à sauver les meubles. » Ils retrouvent leur mobilier intact à la Libération. « Maintenant, je me félicite. J'avais de l'énergie pour faire tout ça. » Et de l'optimisme. Toute vieille dame, elle possédait encore de la vitalité pour raconter avec un féroce humour ses aventures.

Lucien en forêt

En 1943, la branche parisienne des Ginzburg franchit la ligne de démarcation avec de faux papiers au nom de Guimbard. De Guimbard à Gainsbarre, d'une fausse identité l'autre, il n'y a qu'un « s ». La famille habite au 1, rue Combes à Limoges, un deux pièces qui appartenait à des « vieux Juifs, lui il était ingénieur. Une fois, la Milice est venue vérifier le bureau, elle a embarqué la secrétaire et le propriétaire ».

Jacqueline et Liliane sont internes chez les sœurs du Sacré-Cœur. Elles assistent à la messe, ne communient pas mais font la seconde voix à la chapelle, magnifiant les cérémonies religieuses. Leurs récits ne sont pas sans rappeler l'atmosphère du film autobiographique de Louis Malle, *Au revoir les enfants*. Jacqueline est en classe de philo et passe la seconde partie du bac, avancé à cause du débarquement. Elle prend des cours de psychologie avec le chanoine du collège Ozanam, qui est resté pendant trois ans son correspondant épistolaire.

Lucien, lui, est refusé par le supérieur d'un collège de Limoges à cause des risques. Il est inscrit au collège de Saint-Léonard-de-Noblat, près de la forêt du Grand-Vedeix. En 1944, la Milice perquisitionne rue Combes. Les faux papiers Guimbard sont dissimulés sous la toile cirée de la cuisine. Olga se pose sur un coin de table et suggère aux miliciens de fouiller à leur guise. Elle *assoit* définitivement sa réputation de femme culottée. Les miliciens ne trouvent rien. Elle prétend être la femme de ménage des Guimbard. Les miliciens l'arrêtent. Ils séparent Joseph et Olga afin de les interroger. « Votre mari a avoué, vous êtes sa femme. » Olga s'étrangle de rire en racontant cet épisode, parce que son mari a craqué avant elle.

Les Ginzburg sont détenus quarante-huit heures. « Le plus terrible, au commissariat, c'est la nuit avec ces cinq prostituées qui parlaient des paroles... je me bouchais les oreilles... qu'est-ce qui va nous arriver? » Joseph travaille alors au Café Riche, dont le précédent pianiste, son ami Léo Parus, vient d'être arrêté. Le patron de la brasserie leur fait porter à manger. Ses démarches libèrent les Ginzburg.

La supérieure du Sacré-Cœur, avertie que la police risque de venir chercher Liliane et Jacqueline, dissimule leurs faux papiers sous le pied de son bureau et organise leur fuite.

A Saint-Léonard-de-Noblat, Lucien vit une expérience romanesque. Le directeur du collège le cache dans les bois, dans une cabane, avec une hache afin qu'il puisse se faire passer pour le fils d'un bûcheron. Version press-book : « Je m'en vais donc comme le Petit Poucet et je me construis une petite hutte, c'était l'aventure. Pas de chance, au moment où la nuit tombe, un orage éclate : en moins d'une heure je suis trempé jusqu'aux os. Le lendemain, des petits garçons sont venus m'apporter à manger [1]. »

Le détail de ces circonstances importe : il montre la détermination d'Olga Ginzburg et l'efficacité de son héroïsme domestique.

Cette arrestation donne lieu à un procès pour usage de faux papiers. Les Ginzburg sont acquittés. Ils abandonnent la ville, qui n'est plus sûre. Et cachent leurs enfants dans un village proche de Limoges. A une douzaine de kilomètres d'Oradour-sur-Glane.

1. Gilles Verlant, *op. cit.*

4.

LES ANNÉES NOIRES

« La déroute, c'est pas beau à voir. »
Georges Bidault.

C'est ténu, une vie de star. En surface n'affleurent que des scories, des micas plus ou moins brillants. Sous la strate scintillante se dessinent, bien nets, les contours d'une époque. La biographie de Serge Gainsbourg pivote sur une veine de fracture instable, toujours prête à s'effondrer. Secrets de famille honteux, que les historiens ont choisi de nommer « les années noires ». L'expression manque de nuances, littéralement. En diabolisant la période, elle en fait une glace sans tain : elle ne donne pas à réfléchir.

Vichy a-t-il existé? La biographie de Gainsbourg nimbe la zone d'un halo fumigène. Rien n'est advenu. Ou une mésaventure fictive : Serge Gainsbourg relate les épisodes les plus effrayants sur le ton des contes cruels. La guerre, cependant, a fait du mal à Lucien. Il ne s'est jamais plaint.

La France, alors, se donne un démon domestique qui a la tête commode – parce qu'on peut la haïr sans remords – du juif. Et très précisément celle du jeune Ginzburg. Autour d'Henri Coston, en 1944, des collaborationnistes publient une brochure antisémite dont la couverture illustrée figure un jeune homme stéréotypé : oreilles pachydermiques, lèvres rubescentes et épaisses, nez fort [1]. Le sourcil droit est relevé sur un regard ovin, marquant la volonté dominatrice. Un youpin. En légende : « Le futur dictateur de la " race élue ". » Un type physique est érigé en symbole officiel de la Mocheté. C'est le grand frère du jeune Youpino, héros de bande dessinée imaginé par la même équipe de créatifs : « Déjà tout petit, Youpino volait les jouets de ses camarades. » L'image de propagande est une caricature grotesque du jeune Lucien. En septembre de la même année, celui-ci se met au travail et dessine au fusain une série d'autoportraits. Il pose probablement devant un miroir. Avec une faconde exubérante, il remplit un plein carnet de Lulu de seize ans au visage déformé par les grimaces. Des caricatures de lui-même, à traits outrés et rageurs.

Lucien a seize ans, il se découvre juif et peut voir sa gueule partout désignée à la haine. Le démon intérieur, c'est lui. L'image que la France officielle renvoie à l'adolescent timide est chargée de mauvais sentiments. Du 5 septembre 1941 au 11 janvier 1942 s'est déroulée l'exposition « Le Juif et la France ». On y exhibe une sculpture représentant le « Juif typique » avec commentaire : « bouche charnue et ouverte, lèvres épaisses, oreille large, massive et décollée, nez fortement convexe, mou et à larges ailes, traits mous ».

Ce que Lucien ressent alors, on l'ignore. Il n'en a jamais parlé. « Je suis né sous une bonne étoile jaune », dit-il plus tard, sarcastique et bonne pâte.

1. Brochure de Maurice-Ivan Sicard et Henri Coston, parue en avril 1944. Financés par les autorités d'occupation, ces collaborationnistes orchestrent en France la propagande antisémite à partir de 1941. Ils ont pour siège le 21, rue La Boétie, comme l'Institut d'étude des questions juives. Henri Coston y a organisé un mémorial Drumont en 1943 et 1944.

Histoires familiale et nationale sont dominées par une logique identique : l'amnésie les paralyse. La haine est prohibée. Personne n'a songé à détruire personne. L'Occupation n'est pas une période absolument noire : Lucien a pu être sauvé, grâce à sa mère et aux habitants de Limoges. Plus que « noires », ces années lui furent amères. Amères comme la bile, la bile noire que la médecine nomme la mélancolie. Le noir est la moisissure cryptogamique qui se développe sur les sentiments altérés et proscrits, défiance et ressentiment taciturnes, larmes qui ne s'épanchent pas. Jamais il n'eut un mot contre la France vichyssoise, étouffant ses pensées comme naguère les reproches à l'égard de son père.

« Nous étions tellement soulagés, à la Libération. Nous ressentions une grande joie de vivre. Beaucoup de gens ont pris des risques pour nous cacher : nous leur en étions reconnaissants », dit Jacqueline Ginzburg.

Un membre de la famille, pourtant, y a laissé sa peau. Michel Besman, le Michel des pirates turcs de Constantinople, est mort en déportation. « Il a été attrapé. C'est de sa faute », dit Olga. Et Jacqueline Ginzburg, sa fille, répète la même chose, cinquante ans plus tard.

Les Ginzburg croient au mythe du pays accueillant : ils ne renoncent pas à l'illusion. La guerre les a replongés dans les terreurs de la petite enfance, où se paie cher l'esprit critique.

Comme beaucoup de Français, ils ont la tête troublée. Comment pourraient-ils s'y retrouver? La vérité officielle est équivoque et rassurante. Elle trie entre Bons et Méchants, opérant un nouveau découpage de la France : d'un côté, la masse soudain impressionnante des patriotes qui ont résisté à l'occupant et, de l'autre, une poignée de collaborateurs. Dont on sacrifie hâtivement quelques spécimens à la paix civile. Gaullistes et communistes renvoient aux Français l'image fière et chevaleresque d'un peuple de résistants. Après les années noires, on blanchit les consciences. Pourquoi les Ginzburg y verraient-ils clair ?

La vérité est oblique. Les Français, alternativement pétainistes puis gaullistes, voire les deux à la fois, sont un peuple souple. Au gré de leurs intérêts, de leurs passions, de leur indifférence. Par sa chatoyante capacité d'adaptation, le tempérament de Jacques Charmant-Delmas résume la France d'alors. Sa conduite agile de « héros de la Résistance » en témoigne [1]. Haut fonctionnaire de Vichy, il renseigne la Résistance. Réussit le concours de l'Inspection des finances grâce à la complicité de cette dernière. Troque la mairie de Bordeaux à la bourgeoisie bordelaise très collabo contre l'impunité. Parangon du politicien radical, il accole à son nom les prébendes de l'héroïsme militaire : général de brigade, il n'a jamais combattu. Le héros de la Résistance est, en fait, un opportuniste de charme.

Les Ginzburg absolvent en bloc. Michel Besman fait les frais de l'amnistie. Dans la chronique familiale, il est refoulé dans une lignée tragicoburlesque : « Il n'a jamais eu de chance » conclut toute évocation du malheureux. C'est lui le coupable, et non l'État français qui l'a expédié à Drancy. Olga a honte de son frère. Il était, à ses yeux de femme déterminée, un raté. Anani Besman, l'autre frère d'Olga, abandonne la France pour l'État d'Israël.

Un après-midi, renouant avec leurs habitudes d'avant guerre, Joseph et son fils assistent aux répétitions du théâtre des Champs-Élysées. Alfred Cortot, génial interprète de Chopin, est à l'affiche. Il a été

1. Patrick et Philippe Chastenet, *Chaban*, Seuil, 1991.

haut-commissaire aux Beaux-Arts dans le gouvernement de Vichy. Ginzburg et son ginzbourgeon vénèrent sa merveilleuse compréhension de Chopin. Lorsque Cortot entre en scène, il se fait sortir sous les huées. Lucien est choqué : pourquoi confondre l'art et la politique ? se demande-t-il.

Trente-sept ans plus tard, Michel Droit – interviewer français du milieu du XXe siècle, tireur d'élite – dégomme Serge Gainsbourg dans *Le Figaro Magazine*. Ce dernier vient de faire paraître l'album *Aux armes et cætera*, où figure une version reggae de *La Marseillaise*. Serge Gainsbourg a toujours été un bon petit gars, très sage. Il a fait son service militaire en 1948 de la plus scrupuleuse manière, laissant un bon souvenir à ses camarades. Sa *Marseillaise* n'est guère une grave offense. Il répond à Michel Droit dans *Le Matin de Paris* du 17 juin 1979. Une réponse violente s'impose : Droit est tordu et son éditorial une ânerie. Le texte de Gainsbourg est étonnamment clément, à peine hostile. Biaisant, il se borne à traiter son adversaire de « néo-ancien combattant ». Il parle de flash-back et signe Lucien Ginzburg avec un « z » : le passé a donc resurgi. Cependant, il s'en tient à une brève allusion à la Milice. Et c'est tout.

De ce regard malveillant porté sur son être, Lucien a tiré son personnage. En caméléon, il a recyclé les leçons de propagande antisémite dispensées par Henri Coston.

En famille comme plus tard devant le public français, il s'efforce de correspondre à ce qu'on attend de lui. Tout petit, il a volé des voitures miniatures, tel Youpino. Pour complaire à ses camarades de classe, receleurs de cours de récréation. A cette France qui lui taille un rôle noir, Serge Gainsbourg renvoie à travers le music-hall le reflet fidèle de ses peccables penchants. Il est un miroir funeste, ne réfléchissant que le côté sombre.

Sur ce modèle, il lucifërise son personnage public. Il met en scène les vices de la France d'après guerre et personnifie ses fautes : éthylisme, tabagisme, hygiène douteuse [1], exhibitionnisme, inceste, priapisme, onanisme. Il est laid. Comme les sept péchés capitaux.

1. Un mythe *entretenu* avec soin. Une barbe Gainsbarre exige trois jours. Elle est égalisée au ciseau et parfumée dans un cabinet de toilette réservé à cet usage.

5.

LES ANNÉES PEINTURE (1945-1957)

L'illusionniste

Lucien Ginzburg a étudié la peinture pendant près de dix-sept ans et son œuvre la plus intéressante est... un autoportrait. Il se trouve aujourd'hui avenue Bugeaud, chez Jacqueline. Il n'a pas brûlé toutes ses toiles, comme il le prétendait. L'autodafé nourrit le cliché de l'artiste maudit. Sa mère a conservé un vase peint à la manière de Gauguin ainsi que quatre tableaux. Jacqueline en a hérité, dans leurs humbles cadres d'origine, qu'elle se refuse à embellir. L'un, daté d'avril 1945, représente la place du Tertre : une terrasse de café pimpante et animée, un buisson de parasols exubérants. Sur un autre il a peint deux petites filles. Il existe aussi un paysage, et l'autoportrait. Juliette Gréco a reçu dans les années 50 une toile représentant deux enfants – Liliane et Lucien – jouant dans le sable, à la manière de Bonnard. Liliane ne possède qu'une toile. Un marchand d'art à Pau, Éric Lhoste, a racheté cinq mille francs, en 1986, un portrait à l'huile de Mme Franckhauser, fille du propriétaire d'un café à Argelès-Gazost dans les Hautes-Pyrénées, où Lucien passa ses soirées durant l'été de 1951. Des toiles scolaires, telles qu'on en voit aux cimaises des académies de peinture.

Exercices de jeunesse d'un homme dont le renoncement à la peinture devint un motif ostentatoire de chagrin, leur valeur est sentimentale.

L'exécution est d'un élève consciencieux, qui apprend à assimiler les styles. Lucien s'applique. Il n'exprime aucun sentiment personnel. Du savoir-faire mais pas d'identité. Il y a là comme une infirmité profonde.

De père en fils, les Ginzburg bricolent des histoires énigmatiques afin d'expliquer leur désertion. Joseph se retranchait derrière une fable : on lui avait dérobé dans le Transsibérien une de ses toiles, portrait de la jeune fille qu'il aimait. Il s'était alors juré de ne plus peindre. Son mobile inconscient était-il d'ordre religieux? Soutine, d'origine russe lui aussi, issu d'une communauté juive orthodoxe, fut puni pour avoir enfreint le deuxième commandement : « Tu ne feras aucune image ni représentation de ce qui se trouve ici-bas sur cette terre, ni de ce qui se trouve dans l'eau sous la terre. » Pour s'acheter un crayon de couleur, il dut dérober un peu d'argent. En représailles on l'enferma dans la cave. Dessinant l'idiot du village, il proposa au rabbin de poser comme modèle. Le fils du religieux lui administra une trempe. Le rabbin dut indemniser la mère de Soutine des blessures causées par son fils. Avec cet argent, le peintre réussit à s'inscrire aux Beaux-Arts.

Joseph n'appartenait pas à une communauté orthodoxe. Ses raisons sont peut-être prosaïques : dans la Russie de 1917, il lui a fallu choisir un métier. Peinture ou musique. La musique offrait davantage de débouchés.

La peinture a été la passion de Lucien. Durant sa maladie d'enfant, il a couvert des carnets entiers. Remis sur pied, Lucien s'initie donc à l'Académie Montmartre. Il a treize ans. Il aime profondément ces leçons, qui s'ajoutent aux cours du lycée Condorcet. Jamais ses parents n'ont à le contraindre.

Après la guerre, Lucien est renvoyé du lycée pour indiscipline. Jacqueline dit qu'il fut la victime d'un professeur antisémite. C'est fort possible. A la Libération, la vie reprend avec les mêmes. Juges, préfets, policiers, banquiers, industriels, commerçants, journalistes, concierges. Les écrivains, seuls, changent.

Si Lucien ne se révolte pas contre son père, tout ce qui incarne l'autorité le révulse. Au lycée, il est très solitaire : « Mes copains se moquaient de moi, car j'aimais me promener seul et ne leur adressais jamais une parole. J'étais " l'affreux " [1]. »

Lucien retourne à l'Académie Montmartre. Deux petits maîtres fauves, Charles Camoin et Jean Puy, sont ses professeurs. Dans *Evguénie Sokolov*, il a évoqué ses souvenirs : « De ces amas de chair flasque, de ces corps soufflés ou osseux, de ces pubis beigeasses, roux ou corbeau d'où parfois sortait, à l'angle du triangle isocèle, le cordon d'un tampon périodique, naquit en moi une misogynie forcenée qui ne me quitta plus. »

Lucien dispose désormais d'un petit atelier dans une mansarde. En 1946, ses parents ont déménagé avenue Bugeaud, 16ᵉ arrondissement, à côté de la porte Dauphine. Ils avaient acheté l'appartement occupé. Le locataire, ayant perdu sa femme, cède la place. Au troisième étage sur cour, c'est un petit appartement agréable et clair où l'on transporte les meubles de la rue Chaptal. Joseph installe son piano Pleyel au salon et Olga range dans les gros buffets de la salle à manger le dessous-de-plat en marqueterie, les verres à thé et la théière moscovite à étoiles. Les Ginzburg reconstituent leur niche écologique. Faute d'avoir le bac, Lucien ne peut entrer en faculté de médecine ou de droit, comme le désirent ses géniteurs. Il s'inscrit donc en architecture aux Beaux-

1. Gilles Verlant, *op. cit.*

Arts mais doit bientôt renoncer : il est nul en mathématiques.

A l'Académie Montmartre, il rencontre Élisabeth Levitsky, qui sera sa première femme. En 1948, il étudie à l'académie de la Grande-Chaumière, à Montparnasse, avec sa nouvelle amie. L'atelier, fondé en 1902, fonctionne sur le même mode et dans un décor identique depuis près d'un siècle. Si bien que Charlotte Gainsbourg a pu s'y inscrire en 1990, perpétuant les recherches du clan. Tous les jours, de quinze à dix-huit heures, un modèle vivant pose dans l'atelier de croquis. L'atelier de peinture, lui, se déroule le samedi après-midi. Chacun peut s'y asseoir : on règle un droit d'entrée en début de séance. Une fois par semaine, un professeur conseille les élèves. C'est triste, un atelier de peinture. Dans une pièce nue, sous une lumière clinique, Lucien pose son carton à dessins contre un chevalet. Un modèle à peau blême prend place sur une estrade. Lucien s'assoit sur un tabouret maculé.

Il a pour professeur André Lhote, petit maître cubiste mais grand théoricien. André Lhote est l'auteur de trois traités – du paysage, de la figure, de la peinture égyptienne – qui font encore autorité. « Ne mélangez pas un blanc de titane avec un jaune de cadmium ou un blanc de zinc avec une laque de garance ou un bleu céruléen », dit-il à son élève Lucien. C'est un bon pédagogue : ne jugeant pas ses élèves et refusant de les noter, il les encourage.

Lucien, qui a subi son père en silence, se rebelle contre un autre professeur, Fernand Léger, dont les exigences lui remémorent de mauvais souvenirs. « Je n'allais pas à ses cours, sa peinture me faisait chier. » Malgré le renom de Léger, il éprouve à son égard un dédain secret, méprisant un modernisme qu'il juge rétrograde. Fernand Léger exige qu'on l'appelle « Maître », et Lucien a le sentiment d'être un nègre du XVIIe siècle. « Léger, un lourd à mon goût », dit-il.

Lucien Ginzburg veut réussir. Devenir le meilleur. Le perfectionnisme, inculqué par Joseph, l'entrave. Exprimer une vision, produire un univers, exigent une humilité dont il est incapable. Lucien s'imagine grand plasticien. Courbet à trente ans ou rien. Plein d'orgueil, il demande à sa jeune épouse, Élisabeth Levitsky, si elle saura recevoir en femme de grand artiste, honorant des commandes d'État.

En réalité, une existence frugale l'attend une fois de plus. En 1950, il trouve un poste de professeur de dessin au centre d'éducation de Maisons-Laffitte, institution de rattrapage pour rescapés des camps nazis. Il s'occupe d'enfants de six à treize ans avec beaucoup de chaleur. Lucien s'est toujours bien entendu avec les très jeunes. Au cours de dessin, il laisse les écoliers libres. Le soir à l'internat, il étudie des tours de magie dans un manuel d'illusionnisme. Ses tours sont parfois complexes ; après avoir choisi une carte dans un jeu, un enfant lui tire dans le dos avec un fusil à air comprimé. La carte réapparaît au point d'impact. Un jour, une petite fille s'approche de lui : « Monsieur, puisque vous êtes magicien, est-ce que vous pourriez me transformer en princesse [1] ? » Lucien est touché. « Son regard était d'une pureté, d'une crédulité superbes. Je lui ai passé la main dans les cheveux et je lui ai dit : " Voilà, tu es une petite princesse. " » Un geste souvent réédité par la suite.

Lucien demeure à Maisons-Laffitte jusqu'en 1953. A partir de cette date, la pauvreté l'oblige à accepter les engagements de piano-bar et les saisons au Touquet imposés par son père.

« Ça a été très dur, je faisais les boîtes de nuit. Mon père était fauchman et je me devais de gagner un peu de blé. En fait c'est un faux alibi. Les lumières

1. Gilles Verlant, *op. cit.*

dans les ateliers sont sublimes à six plombes du mat. Comme je faisais les bars, c'était foutu pour moi, c'était foutu pour la peinture [1] », dit-il dans une interview picturale accordée à Frank Maubert. Le lapsus est cocasse : les difficultés financières sont un « alibi ». Serge Gainsbourg ment, ou se ment à lui-même. « Exact... C'est une désertion. Flagrante. »

Une soumission, plutôt. Son père le harcèle. Sans relâche il se mêle de lui dénicher des petits emplois dans la musique, le pressant de gagner sa vie. Sous couvert de sollicitude, ces interventions sont inopportunes. Lucien ne peut perpétuellement lutter contre un père envahissant. « J'avais vingt ans et je vivais aux crochets d'Élisabeth. Un jour, avec mon père, il y a un drame terrible. Il me dit : " Je ne veux pas que mon fils soit un gigolo, tu vas recevoir une baffe... " Et là, chose horrible, je lève les poings et je lui dis : " Arrive, viens ici, tu vas voir si je suis encore un gamin ! " C'est atroce... Il a baissé les bras, et moi aussi [2]. »

Le dénuement le contraint à vivre de nouveau chez ses parents. Il paie le prix de leur hospitalité. Il lâche prise. Abdique.

Lucien au musée

La période la plus pauvre de sa vie est aussi la plus fastueuse. Il peint, dessine, cherche, rêve, copie, parcourt les musées. Dans les salles vides, il flâne, plein d'espoir. « Aller dans les musées est un plaisir, une sorte de rêve éveillé », dit-il. L'architecture d'un palais est un songe de grandeur. Le Louvre est son jardin secret, Lucien y erre en familier, inventoriant les collections. Enfant, il se plantait devant *L'Atelier*

1. Frank Maubert, *Voyeur de première*, éd. Mentha, 1992.
2. Gilles Verlant, *op. cit.*

du peintre, de Courbet. Au centre, l'artiste peint un paysage. Sa muse, nue, placée derrière son épaule, le regarde avec bienveillance. Au premier plan, un petit garçon observe. Dans ce domaine, Lucien est demeuré dans la posture de l'enfant spectateur.

Il a une prédilection voluptueuse pour la douleur et les suppliciés : chez Géricault il apprécie *Le Radeau de la Méduse* et ses mourants copiés à l'hôpital Beaujon, chez Delacroix les *Massacres de Scio*, pour la femme en bas du tableau, qui berce dans ses bras un enfant mort. Blafard, il a le teint vert-de-gris des cadavres. Au Louvre, Gainsbourg déplore la médiocrité des éclairages, qui éteint les toiles. Il aime les noirs de Manet, l'ombre hallucinée de Dieu et de la Mort chez Goya, les cernes funèbres de Rouault. « Rouault. Grand Visionnaire. Ses bleus épais, ses rouges plombés, ses cernes noirs où s'accroche le petit clouté, ça c'est Rouault [1] ! » dit-il à propos d'une crucifixion.

Sa toile favorite représente un martyr délavé : le saint Sébastien de Andrea Mantegna. « J'admirais la rigueur du dessin, la rythmique des colonnes et des flèches et l'angélique douceur des coloris qui contribuait à donner au supplicié une agonie extatique [2]. »

La toile est curieuse. Les couleurs suaves diluent le sadisme, la cruauté du sujet. Le visage du martyr n'exprime pas l'extase, mais une infinie patience à l'égard du Père, vers lequel il tourne son regard. Le corps, bien que transpercé de flèches, est solide et vigoureux. S'il souffre, rien ne transparaît. C'est un stoïque, qui s'offre à la douleur. Une consentante victime. « Je suis obsédé par l'image de saint Sébastien, saint Sébastien harponné de flèches sous un

1. Gilles Verlant, *op. cit.*
2. *Id.*

chapiteau aux feuilles d'acanthe. C'est la plus belle œuvre que j'aie jamais approchée [1]. »

La toile longiligne jouxte une fenêtre dominant le pont du Carrousel. L'encadrement découpe un périmètre magique : le cadre de sa vie future. La vitrine de la boutique Sennelier, fournitures pour peintres, remplie de pigments, de pinceaux, de carnets dont Serge Gainsbourg raffole, la rue des Saints-Pères, qui lui devint si familière, et le bar-tabac-restaurant Le Voltaire.

Dans la peinture contemporaine, Serge Gainsbourg apprécie les artistes les plus délicats, les plus subtils. C'est une constante de son goût, en toute chose. Lorsqu'il traite Léger de lourd, ce n'est pas seulement une boutade. Il affectionne la grâce : Miró, Kandinsky, les subtilités chromatiques de Paul Klee.

Beau gosse

Ce que la peinture ne lui permet pas de dire, il en ordonne la mise en scène. Lucien Ginzburg sait déjà donner de lui une représentation avantageuse. En 1957, Lucien Ginzburg, professeur de dessin et pianiste de bar, peint son autoportrait à l'huile. Il ne grimace plus comme en 1944. A vingt-neuf ans, s'il hésite encore entre peinture et musique, l'idée qu'il se fait de son personnage est achevée. Il connaît son registre. Le regard est révélateur : les yeux meurtris, étirés en amande, le diabolisent légèrement. L'arête du nez, d'une délicatesse d'oiseau nocturne, et la bouche sensuelle sont distantes, fixées dans une attitude de morgue. La pose de profil efface la découpe des oreilles. C'est le portrait délicat d'un manipulateur. La stratégie est là. Faute de plaire, il séduira.

1. Gilles Verlant, *op. cit.*

Trait pour trait, une cigarette en plus, il reprendra cette pose pour sa première photo de promotion Philips, l'année suivante. Tel ce peintre qu'il admirait, Francis Bacon, dont le visage s'est peu à peu étiré en chewing-gum, Serge Gainsbourg a fini par ressembler à son pastel. Le lent apprentissage du dessin lui a permis de se voir en peinture. L'œuvre est instructive car, si elle ne ressemble guère au Lucien Ginzburg de l'époque, elle préfigure son personnage.

Ce programme, alors, n'est qu'une vue de l'esprit. Lucien est laid : jeune homme gauche, encore en pleine disgrâce adolescente, exsudant l'absence de confiance en soi. Cette *face de craie suffocante* est le contraire d'un beau gosse. Sa propre mère se déclare gênée par sa laideur. « Il avait une gueule de youpin. Je l'ai connu en 1953. Il était très complexé », raconte son ami Paul Alt.

Lucien opte pour une amputation radicale. En 1957, il renonce à la peinture. « Voilà l'affaire. C'est marrant... Enfin disons, c'est tragique. » 1957 est son année suicide. Lucien a trente ans. Son désarroi est incommensurable. Il abandonne son prénom et trafique son patronyme comme on change d'existence. « Je n'ai jamais aimé ce nom. On l'écorchait toujours – en lui donnant des consonances germaniques ou russes, cela me perturbait. Et puis Lucien, dans les années 30, ça faisait garçon coiffeur, coiffeur pour dames. » Pourquoi parle-t-il des années 30, époque de son enfance, alors qu'il change de nom vingt ans plus tard? C'est qu'il renie le garçonnet tendre qu'il a été. Il l'asphyxie. Le pseudonyme est un masque. Un déni de soi. Changer de nom ne suffit pas à lobotomiser l'enfant gentil et malheureux qu'on a été. « Je croyais me chercher. En fait, j'étais paumé. »

Étranglé par les ambitions familiales, entre un père qui le rêve en génie et une mère qui adule la réussite matérielle, Serge Gainsbourg aime plaire. Bon petit gars, il fait don de son corps à sa famille.

Son histoire avec la peinture résume tout le drame du perfectionniste. Sa sœur Jacqueline a vécu la même chose. Jeune fille, elle adore le piano. Mais à chaque fois qu'elle entend à la radio une interprétation magistrale, elle sombre dans la dépression, sachant qu'elle n'est pas à la hauteur. Complexée. Par crainte du ridicule, Jacqueline s'est interdit pendant... quarante ans de jouer du piano. Alors que le piano Pleyel de son père, avec son pédalier en forme de lyre, remplissait le salon de son volume. A côté, la pile intacte de vieilles partitions sépia. « Nous avions une trouille atroce du ridicule. Atroce. » A soixante ans passés, elle vient de reprendre la musique. A zéro. Mais avec joie : elle progresse chaque jour.

Entre l'excellence du résultat et son goût pour la peinture, Lucien opte pour... rien. Maintenir une apparence impeccable. Sur sa lancée, il poignarde la plus ingénue de ses histoires d'amour : la première. Sa femme Élisabeth n'est plus aussi belle. Elle a grossi. Il divorce.

« Un jour, Nicolas de Staël a dit : ma peinture est fragile comme l'amour et puis il s'en est allé. Suicidé. » Gainsbourg le peintre, lui aussi, a sauté par la fenêtre. Il a renoncé à la croisade des croisades. Être soi.

Lucien chez Tino

Lucien Ginzburg a écrit ses premières chansons en 1953 avec Paul Alt. Elles sont consternantes. D'origine marrane, Paul est le nouvel ami de Lucien, une sorte de cousin : un enfant du spectacle, comme lui. Avec sa femme, Paul Alt a monté un numéro de danseurs acrobatiques, Laura et Diego, produit au bal du Moulin Rouge. Laura est enceinte : Diego se reconvertit dans le strip-tease. A l'Aiglon, sur les Champs-Élysées ou au Carrousel, rue de Ponthieu, au Midi-Minuit, à l'Argentina de Bruxelles ou au Raymond's Bar de Londres, il présente l'extraordinaire artiste Lola Stromboli. Un mètre dix de tour de poitrine. Sous le pseudonyme de Diego Altez, Paul, torse nu, la déshabille avec les dents. Il plaît avec des numéros suggestifs, à la lisière du hardcore. Lucien admire tout particulièrement un de ses exploits : Paul soulève une femme à bout de bras. Il interroge inlassablement son nouvel ami sur ses partenaires, avide de connaître leurs performances horizontales. « Tu parles des femmes comme des cocotiers », lui répond Paul. Émoustiller les sens d'un public à moitié assoupi l'ennuie. Il rêve, lui, d'écrire des chansons pour enfants. Sur son travail de « metteur en scène de strip-tease », il a publié un ouvrage, *J'ai déshabillé 10 000 femmes*. La jaquette vante les confessions de Bite d'Acier, professionnel du strip-tease. Un témoignage aussi triste et fascinant qu'un compte rendu opératoire. Paul Alt, en général, évite de mentionner ce recueil. Sa fierté, c'est *Trudi l'Écureuil*, un livre d'images qu'il a écrit pour les enfants il y a longtemps et dont il ne possède plus qu'un exemplaire.

Les deux garçons se sont rencontrés chez Jacques Lasry, le pianiste du Milord l'Arsouille, au 85, avenue des Ternes où répètent les structures sonores Lasry-Baschet. Ils partagent les mêmes curiosités : la musique américaine et Boris Vian. Après un apprentissage exclusif de la musique classique, Lucien vient de découvrir le jazz.

Il survit grâce à d'éclectiques petits boulots : chez Gaumont, aux Champs-Élysées, il colorie des photos noir et blanc pour les entrées. Pré-warholien, il rougit des centaines de lèvres de Marilyn pour le film *Niagara*. Il travaille à l'aniline, au tarif d'un franc la photo. Sur des meubles anciens, il peint des fleurs, les transformant en fausses antiquités Louis XIII. Joue dans des bals ou des mariages.

Lucien et Paul rêvent de luxe et de gloire en reluquant les pin-up. Lucien, très embarrassé par sa mocheté, rêve de femmes sophistiquées. Il a de belles mains, longues et fines. La seule chose dont il soit fier. Il en use, en abuse. Fumer les met en valeur.

Avec les filles, Lucien ne se débrouille pas trop mal. Si elles le trouvent vilain au premier regard, dès qu'il s'exprime elles sont séduites. La laideur ne déçoit jamais, contrairement à la beauté. Elle ne crée que de bonnes surprises. Son registre ? Le persifleur timide. Son phrasé, très sinueux, captive. On oublie ses oreilles pour retenir un regard en amande.

Lucien et Paul écrivent des chansons dans les bistrots de la porte Dauphine ou au tabac de l'avenue Bugeaud, parfois dans la chambre de bonne de Lucien qui vit plus ou moins séparé de sa femme. Au café, c'est Lucien qui exige de régler l'addition : il veut plaire, ou se faire pardonner quelque chose.

Joseph Ginzburg les convainc de passer le concours de la Sacem. Paul tire le sujet suivant : « Pourquoi pas moi ». Il faut composer une chanson.

> Pourquoi pas moi
> qui l'aime tant
> Je ne serai pas son amant...

L'examen réussi, Paul et Lucien déposent leurs propres œuvres à la Sacem. Des chansons d'amour, dont Paul Alt signe les paroles et Ginzburg la musique sous le pseudonyme de Julien Grix : *J'ai le corps damné par l'amour*, *L'Homme de ma vie*, *Appel de l'amour*. En 1954, ils déposent à la société des auteurs *Caravane dans le désert*, paroles de Paul Altez, musique Altez-Grix.

Ambitieux et naïfs, ils décident de proposer *J'ai goûté à tes lèvres* à Tino Rossi. Rendez-vous chez la vedette, avenue Maurice-Barrès à Neuilly, dans un appartement dominant le bois de Boulogne. Impressionnés, les deux garçons patientent dans l'antichambre. Lucien, qui porte un élégant costume à rayures tennis, est plus intimidé que Paul, domestiqué par le travail de cabaret. Apparaît l'impérial Tino. D'un ordre de la main, sans même saluer, il leur désigne le piano et se cale contre une encoignure. Lucien attaque la chanson, la voix chevrotante, imitant vaguement Charles Trenet, sur une musique qu'il sait inepte :

> Te souviens-tu d'un soir où nous dansions,
> Tu me faisais une cour empressée,
> Grisé par la valse et ses tourbillons,
> Dans tes bras je me suis abandonné
> J'ai goûté à tes lèvres, quels instants merveilleux
> Et depuis lors je rêve que nous sommes tous les deux
> J'ai goûté à tes lèvres, tu étais près de moi... *Etc.*

Lucien tremble et son malaise se communique à Paul. Nul n'est plus timide que lui.

« C'est fini... Bien. Je vous ferai savoir... »

Sur le trottoir, les deux garçons sont mortifiés.

« C'est un bide, dit Paul.

– Je crois bien, répond Lucien.

– C'est pas notre truc, ces gens-là. Les vedettes, ça me perturbe, dit Paul.

– Oui, mais si tu veux du pognon, les vedettes, y a que ça », répond Lucien.

Paul l'admire : il pressent en Lucien un grand homme d'affaires.

Le 8 avril 1955, Paul, sous le pseudonyme de Diego Altez, et Lucien, sous celui de Julien Grix, déposent à la Sacem *Je broyais du noir*. La chanson est destinée cette fois à Juliette Gréco, dont Lucien admire la beauté provocante, les sweaters moulants. Et la célébrité.

« Anne-Marie Cazalis et Juliette Gréco traînaient derrière leurs pantalons noirs tous les reporters photographes attachés aux hebdomadaires de Paris et d'ailleurs. L'association Cazalis-Gréco, la rousse et la brune, la mince et la puissante, était d'ailleurs faite pour satisfaire les photographes les plus exigeants. Tous les soirs on brûlait des douzaines de flashes dans la cave aux murs suintants de la rue Dauphine » (Boris Vian, *Manuel de Saint-Germain-des-Prés*).

Juliette Gréco passe à la Villa d'Este avec Pierre Louki. Paul et Lucien se glissent en coulisse, espérant lui proposer leur chanson. Lucien, de nouveau, est paralysé par le trac. Il remet sans cesse le moment d'aborder la jeune femme.

Lassé, Paul Alt quitte le cabaret, abandonnant son compagnon à ses hésitations. Lucien reste jusqu'à la fin du spectacle, éperdu d'admiration mais n'osant s'adresser à la chanteuse.

Lucien chez Madame Arthur

Le premier interprète de Lucien n'est pas l'élégante et lisse Michèle Arnaud, comme le veut la légende, mais un travesti. Il y a souvent plus de férocité, plus de fantaisie aussi dans la réalité que dans les demi-fictions du show business, qui ne sont jamais que des lieux communs.

Madame Arthur, en 1955, c'est à la fois l'Alcazar, Michou et le Paradis Latin. Chaque soir les vingt-quatre petites tables sont prises d'assaut. Les travelos les plus célèbres s'y produisent. Capucine, Bambi, Toinou Coste, un gars de cent vingt kilos qui imite Fréhel, et surtout Coccinelle que ses amants parent de visons et de chinchillas. Le cabaret recueille les snobs égarés. On refuse le roi Farouk parce qu'on ne peut caser ses douze gardes du corps. Marlène Dietrich et Jean Marais sont clients, la Bégum accepte pour siège une caisse de whisky et Rita Hayworth les genoux d'un invité.

Peu sensible à la poésie de Pigalle, Joseph Ginzburg y travaille sans joie depuis 1949. L'emploi est modeste mais stable. Tout, dans la personne de Joseph, est devenu modeste : le surnom – on l'appelle le Père Jo –, l'inusable pardessus couleur chamois. Il arrive l'après-midi à l'heure des répétitions, ôte manteau, cache-col et feutre noir et s'installe à l'orchestre. Un humble orchestre de quatre musiciens, Joseph compris.

Louis Laibe, dit Loulou, le directeur artistique de la maison, écrit les textes de la revue. En 1955, Joseph tombe malade et son fils le remplace. D'une timidité épouvantable, Lucien passe des après-midi sans prononcer une parole.

Néanmoins Louis Laibe lui propose de composer des musiques. Pour la rentrée de 1955, ils conçoivent *Arthur Circus*, une revue sur le thème du cirque. Après le prologue se succèdent le trapéziste, l'haltérophile, la danseuse de corde, etc. Jusqu'à trente-six artistes défilent sur le plateau. Louis Laibe et Lucien Ginzburg écrivent *Zita la panthère*, chantée par le travesti Maslowa, déguisé en fauve. A la fin du numéro, Zita se repoudre avec sa queue en guise de houppette.

Louis Laibe et Lucien déposent à la Sacem *Zita la panthère*, *Arthur Circus*, *Locura negra*, *Meximambo*, *Tragique cinq à sept*, *Jonglerie chinoise*, *Le Trapéziste*, *La Danseuse de corde et L'Haltérophile*. Des nanars que Lucien signe Julien Grix et dont il n'a composé que les musiques.

Madame Arthur constitue une excellente mise en jambes, si l'on peut dire, pour la personne secrète et renfermée qu'est Lucien. En réponse à *Parce que*, la chanson de Charles Aznavour qu'il chante l'été au Touquet chez Flavio, il écrit *Pourquoi*. Il compose des musiques de toutes espèces : blues, valses, javas, mambos, ambiances africaines. La classe préparatoire d'un artiste de variétés. La parodie et le burlesque l'affranchissent de ses inhibitions. Sous ces masques il s'enhardit et compose *Antoine le Casseur*, sa première chanson personnelle, dont il signe cette fois la musique mais aussi les paroles.

C'est pour lui qu'j'fais l'tapin
Que j'vends mon valseur et l'toutime
Et si lui c'est un chaud lapin
On peut dire que moi je suis une chaude lapine
Les caves que j'éponge ça m'laisse froid
Du vrai y a qu'Antoine qui y a droit
Mon sentiment est si profond
Qu'y a qu'lui seul qu'a pu arriver au fond.

La première interprète de Lucien est Lucky Sarcell, qui chante grimée en tapineuse sur le retour. Ancien boy de Mistinguett, Lucky a un visage moche mais de longues jambes. Louis Laibe la présente au public comme « la seule chanteuse qui chante avec ses jambes ». Serge Gainsbourg, qui fera chanter les plus belles femmes de France, a commencé avec un travesti, une fascinante satire de femme.

Lucien file sitôt le spectacle terminé, parfois avec sa femme Élisabeth, dont la beauté contraste avec sa laideur. Serge est snob, il dédaigne Pigalle et achève souvent la nuit à Saint-Germain-des-Prés.

Payé au pourcentage, Louis Laibe, lui, fait la fermeture de l'établissement. Lorsque se retire le flot des touristes, le cabaret accueille les hétaïres locales venues boire un verre en voisines. Louis Laibe œuvre dans l'animation culturelle existentialiste : après quatre heures du matin, il récite de la poésie. L'ambiance rive gauche importée au 75 *bis*, rue des

Martyrs. Un soir, tandis qu'il déclame *Nuit d'octobre* de Musset, Lucien improvise au piano une musique en greffant un prélude de Chopin sur une élégie de Fauré.

Honte à toi qui la première
M'as appris la trahison,
Et d'horreur et de colère
M'as fait perdre la raison!
Honte à toi, femme à l'œil sombre,
Dont les funestes amours
Ont enseveli dans l'ombre
Mon printemps et mes beaux jours!
C'est ta voix, c'est ton sourire corrupteur
Qui m'ont appris à maudire
Jusqu'au semblant du bonheur;
C'est ta jeunesse et tes charmes
Qui m'ont fait désespérer
Et si je doute des larmes
C'est que je t'ai vue pleurer...

Le texte est un des favoris de Joseph Ginzburg, qui le récite souvent à ses enfants. En 1959, sur son second album, Serge Gainsbourg enregistrera *La Nuit d'octobre*, sur un air de mambo exotique et voluptueux.

La chanson n'est pas un art, mais un apprentissage, se console-t-il. Le spectacle, la nuit, les strass l'attirent. Il sait manipuler le public. Au cabaret, il est dans son élément, dans sa famille. Paul Alt dit qu'alors Lucien prend possession de sa personnalité, de son aura.

6.

1957, ANNÉE CHAOTIQUE

Boris Vian épate Lucien

Boris Vian est un poseur. Sa gloire posthume l'eût bien étonné. Saint-Germain-des-Prés n'a jamais existé, assure Jean Cau, qui en a été le spectateur. De Boris Vian, il trace un portrait peu flatteur : un type assez emmerdant, joueur de trompette, amateur de jazz et de contrepèteries, auteur de romans réputés « marrants ». Drôle, peut-être? « Un humour de " mots ", sans esprit, qui tenait à distance par timidité. Ancien élève de Centrale, il avait, pour mon goût, l'humour taupin [1]. » De Boris Vian, il ne reste pas grand-chose, sa « trompinette » et quelques livres pour enfants exceptés. Des professeurs de lettres, dont il a été le modèle durant leur adolescence, en imposent encore la lecture à des collégiens. Tout, chez Vian, est un peu pipeau.

Pratiquant cet éclectisme vide qui séduit les mineurs, Vian est à la fois écrivain, critique de jazz, cinéaste, trompettiste. Touche-à-tout. Auteur en 1946 d'un roman à succès, *J'irai cracher sur vos tombes,* depuis l'interdiction du livre il gagne sa vie en traduisant des articles du *Reader's Digest.* On le

1. Jean Cau, *Croquis de mémoire.*

crédite d'avoir introduit le rock and roll en France. En fait, il n'y a pas compris grand-chose. Les intégristes, ceux qui n'aiment que le jazz, comme ceux qui n'apprécient que le rock and roll ou l'art lyrique, sont des enquiquineurs. Sans comprendre que le rock primitif est lui-même d'essence parodique, Vian le ridiculise sottement en duo avec Henri Salvador : *Va t'faire cuire un œuf, man !*, *Rock and Roll Mops*, *Rock Hoquet*.

J'ai le hoquet, Dieu me l'a fait
J'ai le hoquet j'ai le hoquet
et je ne peux plus m'arrêter
j'suis suffoqué
Je rock et je hoquett' je hock et je roquett.

« Si Vian n'avait pas existé, je ne serais pas là », a confié Serge Gainsbourg à Alain Coelho. Que trouve-t-il donc à Boris Vian ? En 1956, Serge l'a aperçu pour la première fois sur scène à la Fontaine des Quatre-Saisons, le café-théâtre de Pierre Prévert. C'est une révélation : « J'encaisse ce mec, blême sous les projos, balançant des textes ultra-agressifs devant un public sidéré. J'en prends plein la gueule et je me dis : je peux faire quelque chose là-dedans », raconte-t-il trente ans après à Gilles Verlant. Grand, mince, exsangue et introverti, Boris Vian a opté pour la méthode agressive : sans tenter de séduire le public ni de gagner sa complicité, il chante sur un ton monocorde des textes provocateurs, comme si la salle était vide.

A son ami Jacques Wolfsohn, Serge Gainsbourg a confié que Philippe Clay l'avait influencé davantage. Le modèle, moins prestigieux, ne figure pas dans les versions officielles. Interprète du *Noyé assassiné*, Philippe Clay n'est pas embarrassé de sa laideur, il en fait même un argument. De voir un type laid défier le public réconforte Serge Gainsbourg.

Boris Vian est un parrain plus prestigieux. Il est à la mode, grâce à la rapide publicité que lui a valu sa chanson *Le Déserteur.* Un truc qui ne peut que bluffer Serge Gainsbourg. L'été 1955, en pleine guerre d'Indochine, Boris Vian entreprend une tournée en province, en première partie de Fernand Raynaud. Dans certaines villes, des commandos d'anciens combattants tentent d'interrompre le spectacle. Nantes, Dinard, Le Touquet, Deauville. Paul Faber, conseiller municipal de Paris, ancien combattant, qui a demandé au préfet de la Seine d'interdire la chanson à la radio, veut porter plainte pour outrage aux forces armées. *Le Canard enchaîné* tient la chronique des incidents. Sans risque, Boris Vian se taille un costume de provocateur. L'époque est si peu exigeante que les reporters se déplacent afin de photographier Juliette Gréco traversant pieds nus le carrefour Saint-Germain-des-Prés.

Boris Vian et Serge Gainsbourg se sont à peine connus. Chez Philips, Boris Vian occupe le poste de directeur artistique adjoint, chargé des variétés, auprès de Jacques Canetti. Mais c'est à Denis Bourgeois que Gainsbourg a affaire. Sylvie Rivet, l'attachée de presse de Philips, qui est l'amie des deux hommes, les a présentés l'un à l'autre. Gainsbourg s'est rendu chez Boris Vian en compagnie de la jeune femme. Ils ne se sont vus qu'une fois, Vian est mort peu après, pendant la projection de *J'irai cracher sur vos tombes.*

En 1967, Serge Gainsbourg lui dédie son premier film, *Je t'aime moi non plus.*

Puis il songe à tourner un remake de *J'irai cracher sur vos tombes.* Il souhaitait transposer l'histoire dans le milieu juif de Berlin, avant la guerre. Une comédie musicale avec David Bowie. Accompagné de Bertrand de Labbey, son agent d'Artmédia, Gainsbourg s'est rendu chez Ursula Vian. Avec les veuves de Grands Hommes, les choses sont compliquées. Il s'est découragé.

Philippe Clay ou Boris Vian, peu importe. Dans le cynisme et la misogynie des textes écrits après la période Paul Alt, comme dans sa première manière d'être, Gainsbourg a enrichi ses influences.

Lucien au Touquet

« One of the pleasantest places for a drink or a meal is at... Flavio's. »

Daily Telegraph, 13 août 1960.

Le Touquet-Paris-Plage n'a jamais été une station balnéaire agréable. La laideur y semble un parti pris. Pour ce motif, la ville mérite une excursion. On en rentre le cœur navré, comme à la sortie d'une exposition du Flamand James Ensor, avec ses natures mortes agonisantes. Lucien, s'étonnaient ses amis du Touquet, n'allait jamais à la plage. On le comprend. Le front de mer – enfin, ce qu'en Flandre on nomme la mer, quelque chose de boueux et vide, en tout cas d'une fluidité déprimante – provoque une sensation forte. Il s'en dégage un charme poignant. Le long de la muraille crénelée et gluante d'immeubles balnéaires à bon marché déployée le long du littoral, on inventorie toutes les tendances immobilières de l'après-guerre, du béton aux façades carrelées. Dans l'un de ces immeubles, au sixième étage, quelqu'un a racheté le piano sur lequel débuta Serge Gainsbourg au Club de la Forêt. Un toboggan aquatique se tord entre les dunes. Le centre-ville, bâti avant guerre, suinte un noir d'humidité. On y voit les mêmes villas compliquées que dans toutes les stations du début du siècle, tourelles, bow-windows et personnages en céramique : elles évoquent des cache-pot rococo. Au Touquet, leurs dimensions sont médiocres, elles sont destinées à la petite bourgeoisie. Ces castels étriqués matérialisent de ternes rêves.

Seuls des Britanniques ou des industriels du Nord pouvaient prendre ce site pour un lieu de villégiature. Des personnages d'Evelyn Waugh y ont séjourné. En 1924 a été inauguré à leur usage en lisière de forêt un grand hôtel de brique rouge, le Westminster, avenue du Verger, téléphone 21 05 48 48. Le bar possède des boiseries, des photos de musiciens de jazz encadrées de bois sombre, les fauteuils de cuirs sont bas, usés et confortables, le plafond orné de larges moulures où excursionne le regard. La carte propose toutes sortes de whiskies et de portos : l'endroit est un havre. Le Club de la Forêt est situé à côté, dans une galerie marchande d'un blanc éclatant, comme on en voit à Deauville ou à Biarritz. Un peu plus bas, le casino rococo. Les trois établissements forment une enclave protégée, une sorte de no man's land.

Le choix du Touquet n'est pas fortuit : Gainsbourg y situe ses débuts parce que le décor possède un panache cafard. La vie d'une vedette est une féerie. Un palace, une station balnéaire improbable et le pianiste peut entrer en scène.

Dans cet écrin débute officiellement, en 1957, Lucien Ginzburg, pianiste de bar, rodant *Le Poinçonneur des Lilas* déposé à la Sacem au mois de juin de la même année avec trois autres titres (*Mes petites odalisques, La Jambe de bois, La Cigale et la Fourmi*). Les hagiographes oblitèrent le séjour chez Madame Arthur, sans doute moins prestigieux, moins « glamour » comme disait Gloria Swanson. Depuis 1954, Serge travaille au Touquet en saison, remplaçant son père.

En 1957, un guitariste est engagé pour l'accompagner. La saison de Romain Tonazzi, dit Tony

Romain, commence le 19 juillet, pour s'achever un mois plus tard. Son salaire s'élève à soixante-deux mille francs. Deux mille francs par jour, comme Lucien. Une hiérarchie muette sépare les deux hommes. Dans l'univers des musiciens, le piano est considéré comme le roi des instruments, parce que le pianiste se déplace les mains dans les poches : une serviette pour les partitions et une affiche à coller sur la porte de l'établissement. De surcroît, Lucien est compositeur. Romain Tonazzi est descendu du train avec sa guitare et son petit ampli R.V. de dix watts.

Tony, aux heures de repos, s'aère sur la plage, en garçon soucieux de son hygiène. Il n'y croise jamais Serge. Tony est vaguement déçu par la distance de son partenaire. A ses yeux, la camaraderie forcée, les confidences des heures oisives constituent le charme de leur métier.

Retranché sur lui-même, Lucien, qui loue une chambre en ville, n'apparaît chez Flavio que l'après-midi, à l'heure du thé. Que fait-il, seul au Touquet, de ses journées? Lorsque le restaurant est vide, il pianote ses premières compositions, quêtant l'approbation du chef cuisinier.

Au Touquet, c'est un bel été. Le soir, le patron du restaurant, Monsieur Flavio, sort le piano d'acajou à l'extérieur, devant le petit pavillon 1920 badigeonné de blanc, au milieu des géraniums, des parasols Martini et d'un mobilier de jardin. Au-dessus de la porte, un homard en plastique figure l'emblème de la maison. Ils interprètent un répertoire éclectique, *True Love* de Cole Porter et Gershwin, Irving Berlin et tous les standards d'alors, *Comme un petit coquelicot* de Mouloudji ou *Monsieur William* de Ferré, devant un parterre d'estivants désarticulant des homards. Flavio s'entête à exposer les crustacés sur le piano,

Lucien à les escamoter. Ce dernier enseigne à Tony la mélodie de *Je me suis fait tout petit devant une poupée* de Georges Brassens. Ils affectionnent Charles Trenet, jouant *La Mer* ou *Que reste-t-il de nos amours?* Si la virtuosité de Lucien n'impressionne guère Tonazzi, il lui semble adroit. Il a, sans jeu de mots, de l'oreille et de la technique. La principale qualité du pianiste de bar est la mémoire. Il doit apprendre et retenir rapidement les airs choisis par les clients. Cette école a été très utile à Serge Gainsbourg.

Un soir, Tony et lui intervertissent leurs rôles. Ils interprètent *On the sunny side of the street*, un standard américain, Tonazzi au piano et Lucien à la guitare. Tony, facétieux, trouve cela très amusant. La clientèle du Westminster proteste à cause du bruit. On rentre alors le piano à l'intérieur, et ils jouent jusqu'à deux heures et demie du matin.

Micro réglé à fond, Lucien chante ou plutôt murmure *Les Femmes des uns sous le corps des autres* ou *Le Poinçonneur des Lilas*. Quelques mois auparavant, il se promenait avec Paul Alt, l'acrobate, en bas du boulevard Lannes, près de l'ancien quartier général de la Kriegsmarine. Paul dit : « Tiens, ça fait penser à Ankara. » Lucien répond : « Je fais une chanson sur le métro. » Et Paul : « Ça doit être emmerdant de faire des petits trous. » Comme lorsqu'il entre dans un café, marchant droit vers le flipper ou le juke-box pour dominer sa panique, il joue dos à la salle du restaurant.

> La femme des uns
> Sous l'corps des autres
> A des soupirs
> De volupté
> On s'en fout quand
> C'est pas la nôtre
> Mais celle des autres...

Tonazzi, en musicien, n'a jamais prêté attention au texte. Il a peu d'estime pour les compositions musicales de Lucien : il les juge pauvres. « Tu chantes comme une casserole », dit avec franchise le guitariste devant ce mince filet de voix. Lucien ne proteste pas : il connaît ses faiblesses et spécule sur autre chose. « Tu verras, je réussirai », dit-il. Tonazzi est sceptique : sa nature prudente admire le courage et la témérité du pianiste, davantage que son talent.

Cependant le dandysme de Serge Gainsbourg épate le guitariste : il le juge original. Mêlant rigueur et audace en costume prince-de-galles de bonne coupe et chemise rouge, chaussettes assorties, Lucien est élégant. Un cilice qu'il ne quitte jamais, en dépit de la saison, même lorsqu'ils mènent dans les dunes deux Anglaises avec lesquelles ils sont en affaire. « Mets-toi en chemisette », insiste Tonazzi, étonné. Peu compliqué, il ne comprend pas les macérations de son compagnon. Gainsbourg, corseté, est en scène. Il parle peu ou bluffe en citant Schopenhauer et quelques philosophes pessimistes, dont on ne sait qui lui a soufflé les morceaux choisis cette année-là.

Le soir, il se change, enfilant un costume noir sur une chemise immaculée. Sur une photographie de 1957, on le voit conduisant un *red bud* : il porte ce même costume avec une cravate noire. Boutons de manchette. Cette alliance de rigueur bourgeoise et de clin d'œil canaille, qui signale quelque chose de libre, est très efficace. La chemise blanche est chez les garçons comme un appel sexy, quelque chose qui suggère le lit, les draps froissés. Les femmes ne s'y trompent pas, qui affluent au Club de la Forêt. Lucien plaît, par quelque chose d'énigmatique dans le visage. Son nez d'empereur romain, son regard séduisent.

Des années plus tard, Tonazzi croise Lucien sur un

grand boulevard et se montre très surpris. « Il était mis comme un clochard. » C'était un nouveau costume de scène : la mode « jeune » entre-temps était apparue. Serge Gainsbourg s'y était plié. Il ne cherchait plus alors à séduire les femmes du monde, mais les adolescents.

Lucien Ginzburg et Tony Tonazzi sont deux garçons bien différents. Le méticuleux Tonazzi est devenu professeur de guitare au conservatoire de Colombes, de Cachan et de Noisy-le-Grand. Il a continué à jouer ici et là, aimant surtout interpréter Charles Trenet, « c'est jazz, swing, dansant ». Musicien dans l'orchestre du paquebot *France* lors d'un voyage à New York, il a enregistré un disque à compte d'auteur, à la Serp, la maison d'édition de Jean-Marie Le Pen.

En 1967, sur le tournage du *Pacha*, Serge et Tony se sont rencontrés une dernière fois. Tony Romain interprétait un guitariste jouant en play-back. Serge Gainsbourg, lui, avait écrit la musique du film, *Requiem pour un con*.

La célébrité de son ancien partenaire a toujours intrigué Tony. Au Touquet, ils passèrent ensemble une visite médicale obligatoire à la mairie : le médecin jugea ce blême de Lucien plus solide que Romain. Le guitariste lui envia douloureusement sa vigueur. Lorsqu'ils dînaient dans la cuisine de Flavio, Gainsbourg se nourrissait debout en dix minutes, la cigarette à la bouche. Minutieux et lent, Tonazzi nota que son partenaire ne terminait jamais son assiette. Seuls les tempéraments robustes s'offrent le luxe de l'excès. Lui, Tonazzi, le fragile, tenait à sa vie pardessus tout. Vivre en bonne santé a été son ambition. Le vedettariat ne l'intéressait pas.

Gainsbourg est mort avant lui. Aux yeux de Tonazzi, cela consacrait sa propre modération.

Lucien pianiste de Michèle Arnaud

A la même période, Lucien est engagé comme pianiste-guitariste au Milord l'Arsouille. Il y rencontre une « chance de sa vie », Michèle Arnaud. Grand Prix de la chanson à Deauville en 1952, elle règne sur le Milord l'Arsouille. Mi-Cruella, mi-Précieuse, cette fée du snobisme est la fille d'Henri Caré, officier de marine, et de Madame, née Geneviève de Lauzières de Themines, descendante d'un maréchal de France. Élevée à l'institution des Dames-de-Saint-Maur de Monaco, elle est diplômée de Sciences Po et possède une licence de philo. La chanson française, alors, se veut intelligente, le texte est prépondérant. A trente-huit ans, mariée à un riche industriel, Michèle Arnaud possède une villa à Chatou, avec piscine. Elle collectionne les toiles de Bernard Buffet. C'est une femme complète.

Dans un caveau situé 5, rue de Montpensier, sous les arcades du Palais-Royal, Francis Claude a ouvert à la fin de 1950 un cabaret concurrent des salles de la rive gauche, pouvant accueillir de cent soixante à deux cents spectateurs. Le Milord l'Arsouille est élégant. Le nom honore un aristocrate du siècle dernier qui menait une double vie : pendant le carnaval, il se bagarrait, s'arsouillait, se ruinait. Mireille et Cocteau viennent en voisins, Orson Welles et Francis Carco en amateurs. Classé monument historique, le caveau tient une place dans l'histoire de la Révolution française : on y a chanté *La Marseillaise* à Paris pour la première fois. A la Restauration, il s'est appelé le Caveau des Aveugles parce qu'un tenancier roublard y avait recruté un orchestre composé d'aveugles déguisés en clowns : ainsi les musiciens fermaient les yeux sur les orgies du public. Dans les années 50, ce genre de pittoresque, si barbant à présent, est à la mode.

Lorsque Francis Claude inaugure le cabaret, il entend en faire un bastion avancé de la rive gauche. En dépit de son nom, l'endroit n'a rien de canaille. On ne s'arsouille guère au Milord, cabaret intello où se produisent Léo Ferré, Catherine Sauvage, Jacques Brel, Guy Béart. Jacques Dufilho et Maurice Biraud en ont été les fidèles piliers.

Lucien est engagé comme pianiste d'ambiance, animant l'endroit avant le début du spectacle. Lorsque vers minuit Michèle Arnaud monte sur scène, Jacques Lasry le remplace au piano, et Lucien l'accompagne à la guitare. Ce dernier n'adresse pas la parole à la froide jeune femme. Les parfums d'alors, *Madame Rochas* ou *Jolie Madame*, semblent avoir été inventés à son intention. Michèle Arnaud est une femme fatale, qui a usé quatre maris. Son répertoire impeccable et glacial témoigne du chic de l'endroit. Elle en est l'égérie. Léo Ferré a été le premier subjugué par cette interprète de Gabriel Fauré, Duparc, Lévadé ou Chaminade.

Lucien est impressionné. Un soir, au Milord, il parle de peinture avec Michèle et Francis Claude. Il avoue qu'il peint et aimerait montrer ses toiles. Très curieux, Michèle surtout, le trio se transporte avenue Bugeaud. Francis Claude se souvient d'œuvres nullement subversives, d'une ambiance à la Corot. Sur le piano, Michèle avise une chanson : *Défense d'afficher*. Paroles et musique de Serge Gainsbourg. Elle s'étonne : « Mais tu nous avais caché ça ! » Il en sort d'autres : *Le Poinçonneur des Lilas, La Jambe de bois, La Femme des uns sous le corps des autres*, que Michèle Arnaud s'approprie immédiatement.

Pour la première fois, il monte sur la scène du Milord, avalant une bouteille de whisky pour se donner du courage.

Michèle Arnaud et Francis Claude ignorent que Serge Gainsbourg, qui n'est pas un dilettante, calcule son affaire depuis des mois. Élisabeth Levitsky, première épouse, en a fait le récit détaillé après sa mort dans le magazine *Elle*.

Lucien au placard

Lucien et Élisabeth partagent une chambre dans un foyer d'artistes. Il donne sur la même cour intérieure que la Schola Cantorum, la très catho « école des chanteurs ». Attenante, une chapelle anglicane désaffectée. L'acoustique en est excellente. Orchestres et chanteurs de jazz la louent pour des répétitions. Au fond de leur chambre se trouve un placard à vêtements. Et, au fond de ce placard, une porte condamnée qui communique... avec la chapelle. Les musiciens interdisent qu'on les dérange. Lucien passe des heures à les épier par la porte entrouverte. « Délicieusement terrorisé qu'on puisse le découvrir. » Perché sur un tabouret dans la pénombre, entre des robes et des pantalons, tout ouïe, avide de s'approprier ces techniques.

« Ce placard a été comme une chambre noire où le " négatif " de Lulu s'est développé et, un soir, sur scène, en pleine lumière, on a vu la photo : quelqu'un que nous ne connaissions pas, nous ses meilleurs amis, moi sa femme. Ce placard a été comme un ventre obscur baigné de musique où Lucien Ginzburg s'est recroquevillé en position presque fœtale et dont il est ressorti pour une nouvelle naissance sous le nom de Serge Gainsbourg [1] », écrit Élisabeth.

1. *Elle*, 1er avril 1991.

7.

GAINSBOURG GIRLS

« Rêvez, je ne suis que le successeur de votre ours en peluche. »

Luis Mariano.

Profil d'une œuvre

La conduite amoureuse de Serge Gainsbourg a quelque chose de mécanique. Le déroulement de chaque entreprise nuptiale semble obéir à un programme identique. La partenaire est recrutée dans la tranche d'âge vingt-trente ans, section « femme-enfant ». La périodicité matrimoniale, comme on dit à l'Institut national d'études démographiques, atteint une moyenne de dix années. S'il passe pour un tombeur, c'est souvent lui qui se fait jeter.

Caroline von Paulus, dite Bambou, 1978-1991, mérite la plus forte pension de réversion pour treize années de présence aux côtés de Serge Gainsbourg. Avec Jane Birkin, 1968-1980, elle appartient à la catégorie « favorite officielle ». Élisabeth Levitsky, dossard n° 1, première « épouse homologuée », 1947-1957, a fait dix ans, et assuré une longue mission d'après-vente. Françoise Pancrazzi, la seconde épouse, 1958-1968, a elle aussi tenu une décennie. De chacune il attend une prestation impersonnelle, formelle, précise.

La Gainsbourg girl est d'origine exotique : par ordre d'entrée en scène, Élisabeth Levitsky est slave, Françoise Pancrazzi pied-noir, Jane Birkin britannique et Caroline von Paulus, dite Bambou, asiatique. Elles présentent un air de famille : le dessin de Jane Birkin à l'encre de Chine pour la pochette de son album *Amours des feintes* pourrait aussi bien être un portrait de Bambou. La Gainsbourg girl est frêle, fine, rare, décorative. Fragile comme l'amour. Photogénique. Semblables aux objets qu'il collecte, les femmes sont les pièces maîtresses de son luxe. Et de sa logistique. La Gainsbourg girl maintient son homme dans une éternelle enfance amoureuse : elle est inaltérable. A l'état civil, elle n'excède jamais trente ans. A Élisabeth née en 1926, succède Françoise née en 1936, qui passe le témoin à Jane née en 1946 puis à Bambou née en 1959.

Toute rupture est suivie d'unc mue : après sa séparation d'avec Élisabeth, il devient un chanteur rive gauche, après Françoise une vedette du box-office, après Birkin une star. Régénéré, il convole avec une ambassadrice de l'époque suivante, qui devient le vecteur de son succès. Chaque Gainsbourg girl neuve engendre un nouveau Gainsbourg. Il a la faculté de produire un style qui répond aux nécessités du moment, un équivalent sans cesse adapté du désir de changement. Lors de ses pavanes, il n'affiche que l'archétype en vogue, se conformant aux conventions du moment. Si la femme du jour n'est pas homologuée NF, si c'est un cageot, il la dissimule soigneusement.

Lucien Ginzburg n'a pas un goût aussi pasteurisé : il apprécie les femmes qui ont du corps. Il entretient une liaison avec sa première femme, Élisabeth, toute sa vie, bien qu'elle ait passé sa date de péremption et soit devenue corpulente. Les photos érotiques qu'il découpe, rue de Verneuil, dans les magazines pornographiques et stocke dans sa cache secrète représentent des filles charnues et vulgaires tout à fait excitantes, mais très éloignées des normes de la Gainsbourg girl.

La misanthropie retranche Serge Gainsbourg du monde mais, par nécessité professionnelle, il a un perpétuel besoin de se renouveler : les femmes sont ses agents de liaison, sa banque de données, son bureau de style. Dans les années 50, Élisabeth est sophistiquée avant d'opter pour la mode Saint-Germain-des-Prés, ainsi dépeinte par Boris Vian : « Chevelure tombant droit jusqu'à la poitrine ; dans les poches de son pantalon, quelques souris blanches apprivoisées ; l'usage du fard est rigoureusement interdit. » De plus, c'est une princesse.

La bohème n'est plus en vogue et la silhouette chanellisée de Françoise, femme bon genre des années 60, chic et nette dans un twin-set « pratique », assure la relève. C'est Bardot en bourgeoise les pieds sur terre dans *Le Repos du guerrier*. Ou l'épouse du publicitaire dans *Slogan*, le film de Pierre Grimblat. Ce type féminin est à son tour défraîchi par la révolution du prêt-à-porter, qui invente la mode « jeune » et lance la femme asexuée, l'androgyne à seins plats des années 70. En 1968, il rencontre Jane Birkin, hanches larges à la Cranach. Comédienne, elle convient parfaitement au rôle qu'il lui destine. Ils fondent un couple professionnel tel que le music-hall et le cinéma en suscitent. Lorsque pendant la période punk l'archétype birkinien tombe en désuétude, Caroline von Paulus, nymphe détachée des années 80, rend à son tour Birkin obsolète. Serge Gainsbourg pratiquait Alain Chamfort grâce à Birkin, Bambou lui révèle Sid Vicious.

Toute crise sentimentale engendre une rédemption musicale et vestimentaire. Et la conquête d'un nouveau public. Aussi chacune de ses compagnes revendique-t-elle l'évolution de son vestiaire.

Élisabeth Levitsky, n° 1 : « Je l'ai fait changer. Surtout ce chapeau affreux sur les oreilles... Nous nous sommes convertis aux surplus américains. Nous avions comme principe : " ou le plus cher, ou le moins cher ". Au milieu c'était tarte. Ce qui deviendra plus tard le style Gainsbourg, ça date de cette époque [1]. »

En tournée Canetti en mars 1959 avec Jacques Brel, il ne possède qu'un costume, en prince-de-galles gris, qu'il porte toute la journée dans le car. Il dort la nuit sur le pantalon, afin d'en repasser le pli. Françoise Pancrazzi, n° 2, qu'il rencontre ainsi vêtu, lui enseigne les bonnes adresses de la rive droite. Jane Birkin, n° 3, lui achète des chaussons Repetto en solde. Caroline von Paulus fixe la panoplie définitive. Serge Gainsbourg se transforme pour plaire à ses femmes. En fin de compte, c'est lui l'homme-objet.

Le livre ne figurait pas dans sa bibliothèque, rue de Verneuil, et sans Élisabeth Levitsky qui le mentionna, nul n'y eût songé. Cet ouvrage, c'est *Bel-Ami.* Lucien Ginzburg s'est reconnu précocement dans le héros de Maupassant : le type du gigolo qui arrive par les femmes. Coïncidence, Clotilde de Marelle, la seule maîtresse inutile de *Bel-Ami,* loge rue de Verneuil. Qui est la victime, Bel-Ami ou ses maîtresses ?

Tactique de drague

La méthode a peu évolué à travers les âges. Avec sa première fiancée, Élisabeth Levitsky, il est encore en rodage. Il teste son arsenal : ironie, persiflage, arro-

1. *Elle,* 1er avril 1991.

gance. La première fois qu'elle surgit au cours de dessin où il a ses habitudes depuis des années, elle porte un tailleur de chez Lelong, des talons hauts, un chapeau à voilette. Elle sent qu'il se moque d'elle, elle se retourne, rouge de honte. C'est à l'Académie Montmartre, en 1947. Elle boudera un an.

Il a trouvé le ton juste, le sarcasme qui harponne.

A la rentrée d'octobre, Lucien et Lise se retrouvent et pendant une semaine il la raccompagne à sa pension de famille, proche de la place Clichy. Il stationne prudemment dans la rue. Un jour il se décide à monter. Il a apporté sa guitare, lui offre un petit concert de jazz et elle, des tasses de thé, le tout sous voussoiement. Élisabeth, agacée, s'impatiente : « Qu'est-ce qu'il attend ? » Lucien est prudent : il vient d'être repoussé par une autre princesse russe, Olga Tolstoï, qui s'est dérobée à l'instant clé.

Élisabeth se méprend sur l'inexpérience de son invité. Depuis l'âge de seize ans, Lucien s'offre des escapades à Barbès. Le récit de sa première affaire féminine en témoigne : « [...] je tombe sur un groupe de cinq prostituées, cinq pauvres gamines, et dans mon émoi je choisis la plus nulle mais aussi sans doute la plus gentille. Quand elle a refermé la porte de sa piaule, j'étais mort de trac. Je lui ai dit que je n'avais jamais fait ça. Elle m'a montré le chemin de son engin glauque et visqueux et quand ça a été fini, elle m'a dit que je n'étais pas maladroit. Quand je suis rentré chez mes parents, j'avais l'impression que ça se voyait, je suis allé dans les chiottes et là je me suis branlé pour retrouver mes rêves de puceau [1]. »

Élisabeth est superbe, elle peut donner corps aux rêves d'un jeune homme. Lucien a songé à elle tout l'été. Bientôt, il est trop tard pour le dernier métro. Elle se pousse, lui fait une place sur le lit : « Viens

1. Gilles Verlant, *op. cit.*

donc. » Il pose sa guitare, s'assoit à côté d'elle et éteint la lumière. « Et comme il est arrivé à baiser sept fois de suite dans la nuit, il ne l'a jamais oubliée [1]. » A Juliette Gréco qu'il courtise, il offre un singe en peluche en guise de fleurs. Un présent qu'il a souvent fait en période d'approche.

On connaît moins la genèse de ses rapports avec la secrète Françoise Pancrazzi, mais Jane Birkin a souvent relaté sa première nuit avec « Serge ».

L'ironie est devenue mordante. Serge Gainsbourg juge Jane Birkin tarte. Et inconnue, surtout. Il rêvait de Marisa Berenson comme partenaire dans le film *Slogan* mais Pierre Grimblat, le réalisateur, lui impose une godiche anglaise. Par habitude, il l'emmène à l'hôtel. Il incarne, dans *Slogan*, un publicitaire déplaisant et dominateur, qui gifle sa partenaire Birkin. « Après la boîte, je l'emmène au Hilton et là, ils font une gaffe monstrueuse : " La chambre 642, comme d'habitude, monsieur Gainsbourg? " Et puis il s'est rien passé, j'étais pété comme un coing. Le matin, elle s'est barrée et elle m'a coincé entre les pieds un 45-tours que j'aimais beaucoup à l'époque, *Yummy, Yummy, Yummy* par Ohio Express. Cinq jours plus tard, même scénar, Hilton, nazebroque, dodo. Elle a dû se demander : " Mais qu'est-ce que c'est que ce Frenchman? " C'était un plan parfait, qu'il ne se passe rien [2]. »

Arrogance toujours avec Caroline von Paulus en 1979. Lors d'une fête à l'Élysée-Matignon, elle reçoit une convocation : « M. Gainsbourg vous exige à sa table. » Agacement, agaceries, il s'assoit à la sienne, le tour est joué.

Rudoyer, puis consoler délicatement sa victime reconnaissante, tel ce télégramme dépêché à Jane Birkin à l'époque de leurs amours naissantes :

1. *Id.*
2. *Id.*

Jane Birkin
25 Cheyne Row
London
ST OFFICE OVERSEAS TELEGRAM

Je voudrais que ce télégramme soit le plus beau télégramme de tous les télégrammes que tu recevras jamais et qu'ouvrant mon télégramme à la fin du télégramme tu te mettes à pleurer en disant oh le joli télégramme. Serge. 2 février 1969.
COL 25 TS15/105LNX
South Kensington[1].

Revue de détail

« Sur une île déserte vous emporteriez...
– Cinq femmes : Mélisande, Ophélie, Peau d'Ane, une manucure, Vivien Leigh. »

Serge Gainsbourg, 1958.
Pochette promo du disque
Du chant à la une.

Élisabeth Levitsky

En 1948, Élisabeth et Lucien suivent donc ensemble des cours de peinture chez André Lhote et Fernand Léger. Ils peignent. Lucien part pour le service militaire. A deux reprises, il déserte et se cache chez elle. Il lui écrit.

« Ma chérie j'ai ouvert la fenêtre il pleut encore mais à présent toute chose a un sens nouveau à mes yeux et le murmure de l'eau m'est calme et tranquille. Tu me connaîtras sincère et tu verras que mon âme est restée pure et combien mon cœur peut

1. Après leur brouille, ce télégramme était en exposition publique rue de Verneuil, sur le lutrin du salon de musique, avec la lettre jaunie, coupée, à en-tête de Brigitte Sachs-Bardot – dans laquelle elle lui demande de ne pas publier leur enregistrement du titre *Je t'aime moi non plus* –, un télégramme de Catherine Deneuve, un autre d'Isabelle Adjani, un mot de Zizi Jeanmaire, un autre de Fanny Ardant, une carte de Jeanne Moreau, une lettre de Dirk Bogarde.

être passionné. Je suis aujourd'hui tombé éperdument amoureux de ma femme n'est-ce pas charmant? Comme au premier jour le souvenir de ton corps me trouble je voudrais le serrer dans mes bras tendrement. Tu voulais t'acheter un soutien-gorge ne t'en prive pas. Nous ferons la tournée des grands-ducs quelquefois puis nous serons plus modestes mais comme nous nous aimons la moindre chose sera charmante n'est-ce pas [1]? »

Leurs déménagements incessants résument la précarité de leur mode d'existence. Il n'a pas d'argent : elle subvient à ses besoins. Retour à la Schola Cantorum en 1949, puis hôtel Royer-Collard avec Léo Ferré et Madeleine pour voisins. Hôtel Saint-André-des-Arts en 1950.

Le 3 novembre 1951, il épouse Élisabeth au Mesnil-le-Roi (Seine-et-Oise), où ils habitent à la Maison des réfugiés israélites. C'est lui qui tient à la cérémonie. Mobilisé en 1950, il a retrouvé ses camarades du service militaire, dont beaucoup se sont mariés.

Hôtel rue de l'Échaudé en 1953. Retour à la Schola en 1954. En 1955, ils sont contraints de se replier chez les parents de Lucien, avenue Bugeaud. En 1956 ils s'installent dans une chambre de bonne rue Eugène-Labiche. La passion entre eux se dissipe. Élisabeth, fille moderne, le trompe. « L'insécurité d'une aventure m'a toujours semblé plus riche en émotion que cette vie trop régulière [2] », lui écrit-elle. C'est une constante de la vie amoureuse de Serge Gainsbourg : lui qui passe pour un Don Juan a souvent été un mari trompé. Il sait, ensuite, raconter l'histoire à sa manière afin de ne pas perdre la face.

Ainsi fait-il de mufles confidences à l'élégante Michèle Arnaud. « Je vais divorcer. Ma femme ne correspond plus à mon idéal esthétique. » Élisabeth

1. *Elle*, 1er avril 1991.
2. *Globe*, mars 1993.

conserve un joli visage mais a commencé de grossir. Et Lucien ne correspond plus non plus à l'« idéal esthétique » de la jeune femme.

Lorsqu'ils divorcent, le 9 octobre 1957, elle accepte la séparation à ses dépens. Et sort de son existence. Officiellement.

« Je ne suis jamais tendre avec les femmes et je ne le serai jamais, déclare-t-il cette année-là à la presse. Je les hais. » Il est vrai qu'il s'apprête à tourner le rôle de Corvino, aristocrate fourbe, cruel, arriviste et lâche dans *Fabiola*, un péplum franco-italien.

« Il a changé en travaillant avec Michèle Arnaud, dit l'acrobate Paul Alt. Auparavant, il était le persifleur timide. Il s'est mué en personnage à la Jules Berry : insolent aussitôt qu'une femme surgissait. »

Lucien et Élisabeth restèrent proches durant quarante ans. Leur amie Sylvie Rivet se souvient de les avoir reçus ensemble. Leur relation, sorte de pointillé conjugal, se renoue par intermittence, tout au long de leur vie. Est-ce à elle qu'il rend hommage en chantant *Élisa* sur une musique nostalgique ?

> Élisa Élisa
> Élisa saute-moi au cou
> Élisa Élisa
> Élisa cherche-moi des poux.

On l'ignore. La musique a été composée en 1967 pour la bande originale du film *Horizon*, de Jacques Rouffio. Élisa est le prénom de Macha Méril dans le film. Gainsbourg y a greffé des paroles deux ans plus tard pour Zizi Jeanmaire. Élisabeth, quoi qu'il en soit, se l'attribue.

Un pacte commun la dissimule au public. « Il aura redouté pendant toute sa carrière que cette grenade de révélation ne lui saute à la figure. Ne lui détruise son image », a écrit le journaliste Laurent Dispot, ami d'Élisabeth, qui a révélé son existence clandestine.

Élisabeth Levitsky et Serge Gainsbourg se sont réinstallés ensemble, d'après elle, à deux reprises : après le difficile divorce avec Françoise Pancrazzi ; après le départ de Jane Birkin. Comme Élisabeth s'est remariée dès 1960, Gainsbourg nomme leur liaison « un double adultère post-conjugal ».

Le 1er avril 1991, dans un numéro du magazine *Elle* paru peu de temps après la mort de Gainsbourg, Élisabeth Levitsky publie ses souvenirs. Avec humour et agnosticisme, elle narre les débuts de son compagnon, rectifiant quelques clichés. Elle révèle avoir conservé des liens sensuels avec Gainsbourg. Cet aspect stupéfie le public. Ainsi, elle a inauguré la rue de Verneuil par un rite érotique baptisé entre eux « trac à trac ». Sur ce point, on n'en sait pas davantage :

« Nous avions un rituel magique, ou bien superstitieux, d' " inaugurer " toute nouvelle résidence à lui ou à moi par un... trac à trac. Dans le genre cérémonie sexuelle de tribu primitive, typique des inventions salaces à la Gainsbarre. Mais c'était revivre, surtout, le temps des chambres d'hôtels et des hébergements, celui de nos déménagements plus ou moins clandestins " à la cloche de bois ". En " inaugurant " Verneuil avec moi, Serge a renoué avec le temps de son décollage mais il a aussi mesuré le contraste [1]. »

Les réactions provoquées par des réminiscences somme toute anodines sont étonnantes. La célébrité est un tabou. Comme Salman Rushdie publiant les *Versets sataniques*, Élisabeth Levitsky touche au dogme. Chez Phonogram, un directeur artistique tel que Philippe Lerichomme, féal de Serge Gainsbourg depuis 1975, déclare Élisabeth Levitsky impudique.

1. *Elle*, 1er avril 1991.

Elle est excommuniée. Il organise au même moment une tournée de la veuve certifiée, avec vidéocassette et coffret de l'œuvre intégrale. Sans état d'âme. Épiscogram.

Liliane Ginzburg, sœur jumelle, publie un cinglant démenti : « Du reste, demandez-lui de se faire photographier en pied et nous verrons alors si ses allégations seront crédibles et si on jugera plausible qu'un esthète ait continué à faire des galipettes avec une pareille sylphide [1]. »

Les sœurs, même jumelles, ne pénètrent pas les alcôves fraternelles. Liliane, qui vit au Maroc, ignorait la vie privée de son frère, qui jouait son personnage y compris et surtout devant ses familiers. Au regard des veuves, des sœurs, des enfants, le disparu a été le héros d'un roman intime qui justifie et enlumine leur existence. La vérité ne les intéresse pas. Sincèrement pas.

Élisabeth Levitsky a relevé le défi de Liliane Ginzburg-Zaoui. Elle s'expose dans le magazine *Globe* en mars 1993, physiquement cette fois, puisqu'elle accepte d'être photographiée. Une grosse dame en tricot, plus proche de la femme de marin-pêcheur que de la sirène, est confrontée à une photo de Gainsbourg pépérisé par le rapprochement. Incrédulité nationale cette fois : le 16 mars, l'Agence France-Presse elle-même diffuse un communiqué pinaillant l'authenticité de ces iconoclastes documents.

Révéler les mœurs d'une vedette de variétés apparaît plus profanateur que de remettre en question le dogme de la virginité mariale.

Par nécessité professionnelle, Serge Gainsbourg ne s'affiche qu'avec des femmes photogéniques, comme d'autres vont au bureau en cravate et désodorisés. Si l'une ou l'autre de ses compagnes pos-

1. *Elle*, Courrier des lecteurs, 6 mai 1991.

sède des jambes torses, elle affronte les objectifs en blue-jean. En privé, Gainsbourg se délecte d'imprévu.

Il a célébré les succulents corps charnus à plusieurs reprises et chanté *L'Hippopodame* :

C'est un Rubens
C'est une hippopodame
Avec un D
Comme dans un marshmallow
Et si j'en pince
Pour c't'hippopodame
C'est qu'avec elle j'ai des prix de gros.

La nudité fellinienne d'Élisabeth Levitsky est mise en scène dans son film *Charlotte for ever*. L'actrice Anne Zamberlan, avec sa croupe hors norme, adopte pour le film une coupe de cheveux à la Louise Brooks, comme Élisabeth alors.

Elle eut, dans sa jeunesse, le profil des Gainsbourg girls, cette nature d'esquisse, de promesse qui avec l'âge se dissipe dans la graisse ou se dessèche de maigreur. Elle était ronde mais il aimait sa douceur.

Au *Matin de Paris*, elle était sténo de presse, flanquée en guise d'appendice d'un animal de type teckel. En reportage, dicter un article à cette personne peu commode constituait un désagrément. Sa voix réprobatrice, dans le combiné, ses appréciations brèves et revêches égratignaient l'amour-propre des journalistes timides.

« Il s'agit finalement d'un canular à toute la société : la star du sexe chic et branché, l'idole des jeunes, de la minceur et de la mineure, a eu sa liaison la plus longue avec un corps vieillissant comme n'importe quel autre, avec une femme devenue mahousse », écrit Élisabeth Levitsky en 1993.

Élisabeth Levitsky a été le premier amour de Lucien et son ultime scandale. Il lui a adressé des lettres déchirantes : « Dis-moi que tu m'aimes comme je t'aime du seul véritable amour, LE PREMIER LE SEUL [1]. » A travers l'existence d'Élisabeth, Serge Gainsbourg s'humanise.

Françoise Pancrazzi

« Béatrice flatte son amour-propre : elle présente bien, elle s'habille chic et elle l'aime, évidemment » (lettre de Joseph Ginzburg, le 28 novembre 1963, à sa fille Liliane [2]). Béatrice est le surnom de Françoise Pancrazzi, la seconde femme de Serge Gainsbourg.

Établir une statistique est tentant. Quel est le cycle sentimental de Lucien Ginzburg ? Combien de temps demeure-t-il électrisé ? Peut-on observer une durée du désir indépendante de la femme qui l'inspire ? Si ses grandes liaisons ont une durée de vie moyenne de dix ans, l'appétence amoureuse n'est pas aussi longue. Désenchantement et tristesse lui succèdent vite. Serge Gainsbourg a éprouvé des passions nombreuses, qui ne se sont pas converties en amour tout court.

Avec Françoise Pancrazzi, n° 2, l'émotion perdure quatre ans. Pas mal. Ils se rencontrent le 31 janvier 1958 chez Michèle Arnaud. La sauvagerie du jeune homme la séduit. Vêtu du costume en prince-de-galles gris clair, au milieu d'une assistance de smokings et de robes longues, il boude à cause de sa tenue impropre. Françoise Pancrazzi ne remarque pas le costume, mais la misanthropie, qui lui paraît magnifique.

Jeune bourgeoise, elle a été mariée une première fois à M. Georges Galitzine, directeur dans un grand magasin du boulevard Haussmann. Serge Gains-

1. *Elle*, 1er avril 1991.
2. Archives Jacqueline Ginzburg.

bourg la surnomme « la princesse des Galeries-Lafayette ». Elle est grande, fière, hautaine. A du goût pour les physiques cabossés. A quatre ans, elle était amoureuse de Winston Churchill, lorsqu'il apparaissait aux Actualités, avant le film de Shirley Temple.

Le 7 janvier 1964, Serge Gainsbourg l'épouse à la mairie du 16e arrondissement. Pour la presse, Gainsbourg remodèle l'identité de la jeune femme, l'appelant la princesse Galitzine, patronyme piquant annexé sans vergogne à l'ex-époux.

Elle a trente-trois ans, il en a trente-six. Il est si pauvre qu'en 1963, un an auparavant, il vivait encore chez ses parents. « Êtes-vous snob ? » lui demandait Denise Glaser lors d'un « Discorama ». « J'ai horreur de la vulgarité, je me fais les ongles et j'habite le 16e », répondit-il. Exact, une chambre de bonne, à trente-cinq ans.

Il s'installe dans l'appartement de Françoise, rue Tronchet, derrière la Madeleine. Sur les photographies, l'élégance vestimentaire de Serge Gainsbourg atteint son apogée : mocassins italiens, sweaters souples, pantalons cigarette, maintien de play-boy. Cela ne s'est pas fait sans fausses notes. Françoise le rejoint alors qu'il tourne un film à Madrid. Elle le revoit encore, au bord de la piscine de l'hôtel, en costume sombre à points brillants et chaussures espagnoles à semelles blanches. Refusant, comme d'habitude, le maillot de bain.

Françoise aime l'argent et sait le dépenser. Elle l'entraîne à l'aisance. Il commence à collectionner, apprend à distinguer agenda Hermès et calepin Mignon. Elle lui fait des cadeaux. Le 2 avril 1964, pour l'anniversaire de ses trente-six ans, elle lui offre le piano crapaud Steinway qui se trouve rue de Verneuil.

« Elle m'avait donné une montre en or de chez Tiffany. Un soir je rentre tard, peut-être un peu pété, elle me dit : “ Donne-moi ta montre. ” Je savais très bien ce qu'elle allait en faire : paf, par la fenêtre. Je me souviens d'avoir compté les secondes avant de l'entendre s'écraser sur le sol. Le lendemain elle m'en offrait une autre, toujours de chez Tiffany, mais en platine [1]... »

Serge Gainsbourg travaille avec un paquet de jolies filles. En 1964, il écrit pour Mireille Darc *La Cavaleuse* (EP Philips 844 779) et *Hélicoptère* (SP Philips 336 244). *O Shérif O* puis *Les Incorruptibles* pour Petula Clark. Des chansons pour Brigitte Bardot. Puis *La Guérilla* (EP Philips 437 055) pour Valérie Lagrange, jolie créature de vingt-deux ans, accompagnée par le groupe sud-américain Los Incas. Et les chanteuses rive gauche, Juliette Gréco, Isabelle Aubret, Michèle Arnaud.

En dépit de leur excellence, ses propres disques n'obtiennent qu'une diffusion confidentielle. Sous le mandat de Françoise Pancrazzi, il enregistre ses œuvres les plus raffinées, les plus pures, tels les albums *Gainsbourg Confidentiel* et *Gainsbourg Percussions*. « Les chansons qui nous plaisaient étaient des bides. Il avait peur de disparaître, comme Mouloudji par exemple. Il disait : “ Si j'étais boucher. Un vrai métier, au moins. ” Son vrai truc, c'était la peinture. Mais il devait gagner sa vie. Il avait une peur atroce de l'échec. »

Et près de quarante ans, déjà.

En 1964, Denis Bourgeois, qui a quitté Philips pour fonder son propre catalogue d'éditions musicales, Bagatelle, propose à Serge Gainsbourg de travailler pour France Gall. Un an plus tard, en mars 1965, Serge et sa très belle femme à l'air rangé s'envolent à Naples pour le Grand Prix de l'Eurovision. France Gall, représentant le Luxembourg, doit chanter *Poupée de cire, poupée de son*. La musique

1. Gilles Verlant, *op. cit.*

n'intéresse pas Françoise : elle n'a aucune oreille et préfère les livres. Indifférente à la fièvre, elle écume les boutiques, raflant de sa main gantée une multitude de petits paquets de chez Gucci, qu'elle accumule à l'hôtel. C'est une diva du shopping. Pendant ce temps, France Gall remporte la compétition.

« Ça fait un boum terrible. On vend déjà vingt mille disques par jour (c'est Lucien qui nous l'a annoncé par téléphone). Les télégrammes de félicitations affluent. Demain Philips organise un cocktail pour deux cents personnes. Il est dans tous ses états » (Joseph Ginzburg, lettre du 25 mars 1965 [1]).

Possessive, Françoise Pancrazzi est effarée de ce succès. « Je ne veux pas du bombardement que peut être sur une vie la gloire. » Leurs relations deviennent épuisantes. Il est libre et imprévisible. Elle panique et accélère la rupture.

« Vivre avec Serge est tuant, relate son amie Sylvie Rivet. Il disparaît, réapparaît à six heures du matin après avoir fait on ne sait quoi. Alcool, filles, nuits blanches... De plus il se le reproche et cela recommence le lendemain. Un type à ne pas épouser. »

Depuis la naissance de leur fille Natacha, le 7 août 1964, les relations de Serge et Françoise sont orageuses. « J'épouse ma folle maîtresse, je me retrouve avec une nurse. » Françoise sort moins, s'occupant trop de l'enfant, aux yeux de son mari. Elle ne l'accompagne plus guère chez Régine ou Madame Arthur. A la fin de l'été 1965, le couple passe ses vacances au Touquet-Paris-Plage, où il a loué une maison en lisière de forêt. Toute Gainsbourg girl, un jour ou l'autre, fait étape à la case « Le Touquet ». L'après-midi, Serge Gainsbourg disparaît dans une cabane qu'il a louée pour travailler. En réalité, il se

1. Archives Jacqueline Ginzburg.

cache pour écouter... le Tour de France à la radio, dissimulant à sa femme un goût qu'il juge trivial.

« Ma femme se ronge les sangs, déclare Gainsbourg. Les ongles, c'est déjà fait. » Le 26 novembre, il fugue... trois mois.

La vacance sentimentale est favorable à son rendement. Michèle Arnaud, qui produit « Ni figue ni raisin », puis « Tilt » à la télévision, réapparaît dans la vie de Serge Gainsbourg. Durant ce trimestre buissonnier, il partage un appartement avec Pierre Koralnik, le gendre de la productrice. Ils préparent *Anna*, comédie musicale avec Anna Karina. Serge Gainsbourg écrit une de ses plus jolies chansons, *Sous le soleil exactement*, interprétée par la voix râpeuse de l'actrice. Réfugiée dans le Midi, Françoise est tombée amoureuse du plombier de Meyrargues. L'apprenant, Serge Gainsbourg court la rejoindre. Durant trois ans, il tente de renouer, mais Françoise ne veut plus de lui à temps plein.

Une fois de plus, Serge Gainsbourg n'a plus de toit. En février 1966, la maison Philips lui trouve un studio de vingt-trois mètres carrés à la Cité internationale des arts. Il s'y taille une réputation de tombeur.

Août 1966, lassitude : « La femme, c'est indispensable à l'homme mais c'est pas marrant. Pas un compagnon ni même un partenaire, mais un adversaire. Autant rester seul. »

Françoise Pancrazzi et lui divorcent. Se retrouvent, de novembre 1966 à octobre 1967. Naissance de Paul, leur fils, au printemps suivant. Séparation tumultueuse. Après Françoise, il renonce à contracter alliance avec une femme.

Lors d'une émission de télévision en avril 1989 (« Lunettes noires pour nuits blanches »), il ranime un instant sa princesse Galitzine. Il révèle qu'elle lui a donné deux enfants.

Natacha et Paul

En 1980, après le départ de Jane Birkin, Serge Gainsbourg prie à déjeuner son fils Paul pour la première fois. Il n'a rien à dire à ce jeune étranger, né en 1968.

« Deux victimes de guerre », dit de ses enfants Serge Gainsbourg. Natacha ne prononce jamais son nom de famille. Chez Hermès où elle se commande un sac, au moment de donner son nom, elle l'épelle. G-A-I-N-S-B-O-U-R-G. Paul, lui, indique celui de sa mère. Le jugement de divorce stipulait que Serge Gainsbourg devait voir ses enfants en présence de leur mère. « Il aimait les bébés et les jeunes enfants, dit Françoise Pancrazzi. Les adolescents le mettaient mal à l'aise. »

France Gall

France Gall n'est pas une Gainsbourg girl, plutôt une Gainsbourg doll. Leurs relations sont professionnelles. Préfigurant Jane Birkin, elle est sa première poupée musicale. A ce titre, elle a sa place au gynécée. Gainsbourg l'actionne comme un jouet mécanique, lui faisant interpréter des chansons de plus en plus acides.

Sous la tutelle de son père Robert Gall, France a déjà enregistré deux 45-tours. C'est une gamine jetée dans la vague yé-yé, où elle rivalise avec Sylvie Vartan, Françoise Hardy et Sheila. Elle a vendu deux cent mille exemplaires de l'un d'eux, *Ne sois pas si bête,* et fait sauter le standard de « Salut les copains ». Une aubaine pour Gainsbourg. En 1964, par revanche à l'égard de l'industrie discographique qui le dédaigne, Gainsbourg lui écrit *N'écoute pas les idoles* (EP Philips 434 874), un premier texte auquel on prête aujourd'hui un double sens.

La musique est arrangée par Alain Goraguer, comme celle de *Laisse tomber les filles* (EP Philips 434 949). En 1965, le Luxembourg demande à être représenté par France Gall au Grand Prix de l'Eurovision. L'éditeur Denis Bourgeois envoie à RTL quatre ou cinq titres de la jeune chanteuse enregistrés sur un 33-tours vinyle souple. Un seul est signé de Gainsbourg. Le responsable des programmes de RTL emporte le disque en week-end. Sa fille, une adolescente, sélectionne une chanson. Celle de Gainsbourg.

France Gall chante donc *Poupée de cire, poupée de son* (EP Philips 437 032) à un rythme de cavalerie, devant cent cinquante millions de personnes réunies pour le Grand Prix de l'Eurovision.

> Je suis une poupée de cire
> Une poupée de son
> Mon cœur est gravé dans mes chansons
> Poupée de cire, poupée de son
> Mes disques sont un miroir
> Dans lesquels chacun peut me voir
> Je suis partout à la fois
> Brisée en mille éclats de voix.

Interprétée avec un génie mécanique accidentel, la chanson est aujourd'hui un bas-relief yé-yé. La jeune fille innove en France avec une voix de brailleuse acide, crypto-Phil Spector. La perfidie amusée qu'on croit déceler dans les paroles n'était probablement pas préméditée. Le succès est considérable. A travers France Gall, Gainsbourg touche un public très jeune qui le portera ensuite au rang de star.

En 1966, la nymphette enregistre *Les Sucettes* (EP Philips 437 159) sans comprendre les paroles.

Annie aime les sucettes
Les sucett's à l'anis
Les sucett's à l'anis
D'Annie
Donn'nt à ses baisers
Un goût ani-
Sé lorsque le sucre d'orge
Parfumé à l'anis
Coule dans la gorge d'Annie
Elle est au paradis.

Inexperte ou distraite, France Gall interprète en toute innocence. Elle avait chanté *Sacré Charlemagne* et *Au clair de la lune*. « Encore une chanson d'enfant », a-t-elle dit lorsque Serge la lui a proposée dans le bureau de Denis Bourgeois, raconte Brigitte Bertholier, son assistante. La chanson fellatieuse de Serge Gainsbourg est une agression contre l'industrie discographique. Françoise Pancrazzi, de son côté, assure qu'il a écrit les paroles sans malice.

France Gall enregistre encore, l'année suivante, *Néfertiti* (EP Philips 437 317) et *Teenie Weenie Boppie* (EP Philips 437 358), verroterie en simili-psychédélique. Leur collaboration s'achève en 1972 sur *Frankenstein* (LP Pathé C006 12207).

« France était trop bébête pour être une Lolita. Une Lolita, ça doit quand même savoir allumer... Elle ne m'allumait pas du tout... Hé Hé Hé. J'avais l'essence mais elle n'avait pas le briquet [1]. »

1. Gilles Verlant, *op. cit.*

Brigitte Bardot

> « Qui s'avise de devenir amoureux d'une reine, à moins qu'elle ne fasse des avances? »
>
> Louison Bobet.

Brigitte Bardot œuvra à son somptueux corps défendant pour la notoriété de Serge Gainsbourg. Il a fait beaucoup de publicité à leurs relations. Dès le premier film qu'ils tournent ensemble en 1959, *Voulez-vous danser avec moi?* de Michel Boisrond, il exhibe sur son piano la photographie de B.B., qu'il n'a qu'entrevue sur le tournage. Cette promiscuité, il ne l'ignore pas, l'anoblit. Il fait ça avec finesse et ne raconte rien de mensonger. Il se contente de suggérer.

En 1962, il écrit pour Brigitte Bardot deux twists. *L'Appareil à sous* avec un texte à double sens :

Tu n'es qu'un appareil à sou-pir
Un appareil à sou-rir
A ce jeu je ne joue pas
On ne gagne que des gros soupirs
A vouloir t'assouvir.

Et *Je me donne à qui me plaît* (LP Philips B 77 914).

« B.B., c'est bon pour ma cote », déclare-t-il avec fatuité à *Combat.* Trois ans plus tard, B.B. enregistre *L'Omnibus* et *Bubble Gum* (EP Philips 437 102) pour « Bonne année Brigitte », à la télévision. Les shows Bardot des années 60 sont sans doute ce que le gaullisme a laissé de plus charmant. La seconde chanson résume assez bien l'éthique de la jeune femme.

Aimer toujours le même homme
C'est des histoires à la gomme
Tu as perdu ta saveur
Comme mon bubble bubble-gum.

Négresse du Nord, Brigitte Bardot allie la grâce et la sensualité, deux perfections en principe non miscibles. Incarnation du mythe solaire, sa beauté demeure inégalée. En 1967, Gainsbourg regardait ses photographies dans *Paris-Match*, aux côtés de son mari tout neuf, le play-boy allemand Gunther Sachs. Tous deux beaux, lisses, rayonnants de lumière. Le coloris doré domine ces clichés triomphaux.

L'ORTF les rapproche cette année-là. Le show Bardot, mis en scène par Eddy Matalon et François Reichenbach, sera le présent de nouvel an du Général. Le 6 octobre, Brigitte Bardot et Serge Gainsbourg déjeunent et Gainsbourg s'offre à lui écrire de nouvelles chansons. Quatre petits classiques pop : *Harley Davidson, Contact, Bonnie and Clyde, Comic Strip* où apparaissent des onomatopées. Et *Je t'aime moi non plus.*

L'affaire prend corps : « Le charme de Serge a opéré au cours des répétitions d'une chanson pour le show Bardot. Dans le monde du spectacle ce n'est plus un secret pour personne. Voilà les méfaits (ou bienfaits, c'est un point de vue) du charme slave. Il nous a dit : " J'ai perdu tous mes complexes de laid, les femmes me regardent d'un autre œil " », raconte Joseph Ginzburg le 31 octobre 1967 à Liliane.

Serge et Brigitte apparaissent une première fois dans le « Sacha Show » du 1er novembre 1967, interprétant une chanson tarte : *La Bise aux hippies.* On les croise ensemble. King Club, Keur Samba, La Calavados. Il porte un costume Mao de chez Cardin. La Mao-manie culmine : 1967 est l'année du Petit Livre rouge, de *La Chinoise* de Jean-Luc Godard et des premiers comités Viêt-nam dans les lycées. A la mi-novembre, le chanteur téléphone à Jacques Chancel qui tient une rubrique dans *Paris-Jour*, afin de l'informer de son amitié pour Brigitte. Le procédé est roublard : Serge Gainsbourg affecte de s'indigner d'un écho. Le chroniqueur a rapporté que Brigitte Bardot et Serge Gainsbourg passaient toutes leurs soirées ensemble au King Club. « Tout le monde va me prendre pour un dragueur », se plaint Gainsbourg. Sa démarche est couronnée d'un succès instantané : Chancel rapporte l'intégrale de leur conversation dans l'édition suivante de *Paris-Jour*. Lettre de Joseph : « Lucien exulte... " La plus belle fille du monde, on m'envie de tous les côtés ! " Il y a de quoi ! Mais il a ajouté : " Il ne faut pas que je tombe dans le panneau ", sous-entendu " si je tombe amoureux, je vais souffrir ". » Les lettres de Joseph expriment la satisfaction du directeur de cirque constatant l'efficacité d'un de ses numéros.

Brigitte Bardot part tourner en Espagne. De sa large écriture de conquistador sur le papier à en-tête de l'hôtel Aguadulce, Almería, « morne plaine » dit-elle, elle lui envoie de nostalgiques lettres du tournage. A Gainsbourgrad, ses lettres sont pieusement conservées. Pâlies, décolorées, les grandes photos de Sam Levin, où Brigitte Bardot campe un buste martial, sont ornées des ceintures en métal doré de la période hippie qu'elle lui a données.

Curieusement, les brillants exercices de style composés par Serge Gainsbourg passent à côté de la nature profondément vénusienne de Brigitte Bardot. C'est *Le Soleil*, écrite par le duo Jean-Max Rivière-Gérard Bourgeois, une carte postale aquatique et radieuse de trois minutes quatorze, qui résume le mieux son univers.

Tout ce que Bardot fait paraît naturel et sans effort : seul l'anime le plaisir, semble-t-il. C'est un spectacle magnifique. Brigitte Bardot est un personnage d'Ancien Régime, un grand tempérament ardent. Sa manière de vieillir, sans chirurgie esthétique, les yeux droits dans les objectifs qui traquent la flétrissure, affirme sa souveraineté. Affronter l'âge de face, dans une époque qui avilit les vieillards, lorsqu'on a été la plus belle femme de son temps, est une marque de vaillance. Ainsi sa façon crâne, Grande Mademoiselle, de défendre obstinément les animaux, défiant l'ultime péril moderne, le ridicule. Brigitte Bardot a du chien. Ce fut pour Serge Gainsbourg une rencontre au sommet.

La conquête de Brigitte Bardot a installé Gainsbourg dans la catégorie des grands séducteurs. Elle lui confère ses lettres de noblesse.

Leurs destinées sont inverses. Lui, de plus en plus sanglé dans son personnage, finit par se confondre avec sa chimère. Elle, à l'apogée de son règne, n'en fait qu'à sa tête et jette sa couronne. Il a de l'ego; elle, du caractère.

En 1986, Gainsbourg rédige son autoportrait suicidaire pour *Le Matin de Paris* : « Adieu Brigitte, adieu Jane, adieu Bambou, adieu Charlotte », écrit-il, n'hésitant pas à l'inscrire d'office au palmarès de ses veuves Clicquot.

Jane Birkin

> « Qu'est-ce qui vous amuse le plus en elle?
> – Je crois que c'est moi. »
>
> *Elle*, avril 1978.

L'ossature de son visage est minuscule. Elle a de petites oreilles, de petits seins, une petite voix, un petit accent. Tout chez elle est ténu. Mais elle est anglaise : autant dire aristocratique. Gainsbourg l'acclimata sans difficulté.

En 1968, à son arrivée, Jane Birkin loge chez Pierre Grimblat qui la teste chez Lipp. Un silence se fait dans la salle lors de son apparition : Grimblat est rassuré. Le banc d'essai est positif. Jane Birkin ne plaît pas à Gainsbourg, mais elle plaît aux autres. C'est ce qu'elle a de mieux à faire.

Serge Gainsbourg a lu *Lolita* de Nabokov et surtout *Un amour*, de Buzzati, l'histoire cruelle de l'architecte Antonio Dorigo, cinquante ans, manipulé et dégradé par Laïde, petite danseuse fatale. « Conduire une voiture décapotable avec à son côté une gamine gracieuse et excitante ultramoderne et parfaitement au courant de tout ce qui peut arriver aux gamines ultramodernes... », écrit le romancier italien.

Gainsbourg rêve de rencontrer « une gosse de treize-quatorze ans » et le déclare dans ses interviews dès 1964. « Une Lolita, ce serait extraordinaire. »

Serge Gainsbourg vient d'avoir quarante ans. Prestidigitateur mûr, il recrute une assistante émoustillante qui donne de l'éclat à ses tours. De Birkin, il rêve de faire une Bardot des années 70, une sorte d'archétype à la Twiggy. Une planche... de salut.

Jane Birkin, comédienne-née, accepte cette tâche bien qu'à vingt-trois ans, avec ses jambes en X, elle soit plus gauche que fatale. A dix-sept ans, elle a été mariée au brillant compositeur anglais John Barry [1], qui l'a répudiée. Elle a une enfant, Kate, trois ans. A Londres, elle a joué dans une pièce muette de Graham Greene au Haymarket Theater. Chanté dans une comédie musicale assez mièvre de Barry, *Hôtel des passions* : « Je hurlais. Je jouais une gourde. » Et tenu trois rôles grêles au cinéma, dont une jolie apparition dans *Blow Up*, d'Antonioni.

En novembre 1968, Serge Gainsbourg et Jane Birkin enregistrent à Londres un super 45-tours, avec *Je t'aime moi non plus, 69 année érotique, l'Anamour* et

1. John Barry a signé la musique de nombreux films, de *James Bond* à *Midnight Cowboy*.

Jane B., qui se transforme en album. Sur un prélude de Chopin il écrit *Jane B.*, qui sert à la jeune comédienne de sauf-conduit :

Yeux bleus, cheveux châtains
Jane B.
Anglaise de sexe féminin
Age entre 20 et 21
Apprend le dessin
Domiciliée chez ses parents
Yeux bleus, cheveux châtains
Jane B.

Elle l'interprète la voix crissante. « J'étais dans la chorale à l'internat. J'aimais chanter très haut les contre-chants religieux. Il m'a demandé de chanter comme un garçonnet. »

Pour leur première apparition officielle, la présentation de *Slogan*, le nanar kitsch dc Pierre Grimblat, au cinéma Colisée en 1969, le couple force l'attention. Jane Birkin arbore une minirobe transparente et un panier de petit chaperon rouge. Un sucre d'orge déjà déballé, tant elle apparaît tentante et son compagnon sulfureux, par contraste. « Laïde plaît aux autres, et pourquoi ne devrait-elle pas plaire? En fait elle a un genre extrêmement provocant, pas un genre sensuel, comprenons-nous, provocant, ce qui est une autre chose. » Gainsbourg a trouvé un faire-valoir. En privé, pèlerinage au Touquet.

Week-end chez Pierre Grimblat, en Normandie. Serge Gainsbourg s'enferme en cuisine et durant quarante-huit heures prépare de l'*irish stew*, des oiseaux rôtis. Très gourmand, il est bon cuisinier. « Petits oiseaux farcis », dit-il en servant, mimant les ailes des bestioles. Un Gainsbourg peut en cacher un autre. Un pitre et un pessimiste cohabitent dans le même personnage, que ses sœurs surnommaient

« Jean qui rit, Jean qui pleure ». Avec un instinct de stratège, Serge Gainsbourg interprète la partition tragique de Jean qui pleure, et confie à Jane Birkin, dont la drôlerie naturelle s'y prête, le rôle allègre de Jean qui rit. *Orang-outang*, *18-39*, *Les Langues de chat*, *Les Capotes anglaises*, *Bébé gai*, *Raccrochez c'est une horreur* expriment la face burlesque de Lucien Ginzburg. Plus tard, s'il réserve à Gainsbourg les textes cyniques et noirs, il donne à Birkin les chansons tendres, *Mon amour baiser*, *L'Aquaboniste*. Et à partir de 1978, les mélos cafardeux : *Vie, mort et résurrection d'un amour passion*, *Amours des feintes*.

Le couple Gainsbourg-Birkin règne sur l'ère pop à la française. A la télévision, le duo léger incarne la conception hédoniste de la famille, fondée sur l'égalité des partenaires et la recherche du plaisir. La chanson de Jane Birkin, avec ses mots élémentaires, *C'est la vie qui veut ça*, est un manifeste amoureux de l'époque.

> J'aimerais te dire que je te suis fidèle
> Mais d'abord je trouve que ça serait pas bien
> Car vois-tu ce n'est pas vrai
> Et autant qu'tu saches
> à quoi t'en tenir avec moi.

Ils engendrent toute une littérature sentimentale, leur couple étant pris au pied de la lettre, ainsi que le résume avec candeur cet extrait d'une biographie [1] :

« Pour Kate Barry (la fille aînée de Jane Birkin), il ne fait aucun doute qu'ils ont passé dix années exceptionnelles : ne tombant jamais dans le train-train quotidien qui tue les couples, ils ont toujours su se faire plaisir et se surprendre. Bercées dans une

1. Gilles Verlant, *op. cit.*

ambiance créatrice, les deux fillettes ont conscience d'avoir eu une enfance tout à fait privilégiée. Jane et Serge s'aimaient par-dessus tout, leur amour était flagrant et immense. »

Le couple rompt avec le protocole compassé de la télévision. Serge Gainsbourg est en étroite sympathie avec le public. C'est comme s'il actionnait, à quelque étage subliminal, un ascenseur social. Pompidolienne, dirigée par des vieillards et des appareils politiques cacochymes, la société française aspire au neuf. Les minirobes de Birkin, ses chaussettes orange, l'ébriété légère et exotique de ses apparitions divertissent le pays de ses soucis. Jane Birkin interprète des chansons d'allumeuse délurée. Dans les pages couleurs du magazine *Lui*, Serge Gainsbourg l'effeuille gentiment. Il importe à Paris un stéréotype vivant des swinging sixties. Il livre à domicile, par le tube cathodique. Et retouche son propre vestiaire. Sous sa veste à rayures tennis en provenance de Portobello Road, il glisse une chemise lilas, achetée à Carnaby Street. Il renonce à son élégance impeccable de la période antérieure pour adopter l'uniforme du vieux jeune : jean à taille basse, tennis. Le jeunisme débute sa dictature idéologique. Charles de Gaulle excepté, la France compte de moins en moins de vieux, de plus en plus de *toujours jeunes*.

En 1974, *Paris-Match* envoie un reporter à Saint-Tropez, petit port de pêcheurs où Serge Gainsbourg a loué une villa. La maison Volterra est située au cap Camarat. Jolis clichés naïfs à base de nombril birkinien et de jeunes enfants. Le 18 août, pour l'anniversaire de son neveu, Serge Gainsbourg organise une fête dans la plus pure tradition *chô-beez* : il loue une limousine à doubles portes afin de conduire la famille à Tahiti Beach.

Hors champ, c'est l'enfer domestique. Le clan

anglo-saxon affronte la section slave emmenée par l'intraitable Olga Ginzburg. La mère de Serge s'ingénie à compliquer les vacances, surveillant avec acrimonie les stocks de provisions, comme si les restrictions devaient reprendre sur-le-champ. Le réveil d'Andrew Birkin, le frère de Jane, vers midi, déclenche un drame quotidien : il se goinfre directement dans le réfrigérateur. Excédés par les doléances d'Olga, Gainsbourg et Birkin abandonnent l'endroit après le passage de *Match*.

Avec professionnalisme, le couple met en scène ses prestations publiques. « Quand on fait tous les soirs le tour des boîtes, en grand tralala, en déguisement finalement, vous croyez que c'est pour être en tête à tête? Bien sûr que non, c'est pour se donner en spectacle », explique-t-elle dix ans plus tard dans *Le Figaro Magazine*.

Le cliché conjugal en vogue alors se résume à un perpétuel rite de séduction mutuelle, exercice exténuant. Toujours bon p'tit gars, Serge Gainsbourg prend l'affaire très au sérieux :

« On partait à dix heures le soir et on rentrait avec les poubelles. On attendait que les enfants se lèvent et on déjeunait avec eux. Ensuite, on se réveillait à trois heures de l'après-midi et on se préparait pour le soir. Nous avions un parcours de six boîtes de nuit : on partait chez Madame Arthur, où Serge connaissait tous les travelos. Ensuite, Pigalle, puis chez Régine et au Raspoutine où il y avait des musiciens russes. Lorsque le Raspoutine fermait, nous allions dans un club de musiciens mexicains, avant de finir dans un bistrot des Halles. Serge faisait la tête lorsque nous devions aller à Londres car il y trouvait la vie nocturne mille fois pire qu'en Belgique [1] », raconte Jane Birkin.

Les amants de la rue de Verneuil se séparent

1. *Les Inrockuptibles.*

durant l'été 1980. Pour la presse, ils continuent quelques mois à interpréter leur comédie légère.

Serge Gainsbourg a fait la connaissance d'un jeune mannequin, Caroline von Paulus. Jane Birkin, elle, a rencontré le cinéaste intense Jacques Doillon. Un dépressif succède à un éthylique dans la vie de la comédienne. Nouveau compagnon, nouveau personnage. L'Anglaise rigolote vire tragédienne. Elle interprète des chansons dont certaines sont proches des premiers textes de Gainsbourg en 1958 (*Ce mortel ennui qui me vient quand je suis avec toi*) : « Dans tes bras je crève d'ennui et je rêve d'autre chose qui retient. » Ou des chansons de chagrin, des mélodrames qui ne sont pas le meilleur de Gainsbourg :

Nous nous sommes dit tu
Nous nous sommes dit tout
Nous nous sommes dit vous
Oui, nous nous sommes tus.

Jane Birkin assume les fonctions de la veuve avec professionnalisme. *Paris-Match* la hisse en une le 21 mars 1991, cheveux et teint demi-deuil, légende demi-vache : « Jane, la muse rayonnante, a aujourd'hui le visage de la tragédie. »

Jane Birkin entretient désormais un physique d'aide-soignante asexuée, type de nurse maigre à dents déchaussées auquel ressemblent en se fanant David Bowie et Mick Jagger. Ni rouge à lèvres ni bijoux. Un cabas crade adorné d'autocollants écolos décollés et noircis, d'une vieille étiquette d'avion grisâtre enroulée à la poignée, qui se révèle, à l'expertise, un sac Hermès RMIsé. Baskets, jean. Éternelle lycéenne, Jane Birkin semble avoir pour mission de rafistoler les hommes fatigués. Une tradition sincère et familiale : son père, déjà, était l'assistante sociale bénévole d'une association pour jeunes délinquants.

A cinq jours d'intervalle, Jane Birkin a perdu son père et Serge Gainsbourg. C'est vachement triste, pour s'exprimer comme elle.

Les causes humanitaires, heureusement, ont renouvelé ses sources d'inspiration. Elle a tourné une tisane pour « Médecins des hommes » ainsi qu'un clip antisida aux effets jusqu'à ce jour incertains.

Et un premier film qui met en scène avec un réalisme saisissant une actrice vieillissante, narcissique et névrosée, qui persécute son partenaire la nuit. Son créneau : la bonne fille. Énervante. Sorry.

Caroline von Paulus

Hauteur 169
Poitrine 83 Taille 59 Hanches 88
Chaussures 36
Cheveux bruns. Yeux marron foncé.
Avenue Agency, 23, rue Sainte-Croix-de-la-Bretonnerie, Paris.

Sur le composite de son agence de mannequins, Caroline von Paulus ressemble à une Thaï de catalogue pour célibataire allemand. Elle a dix-sept ans. Elle n'a peur de rien.

Sa beauté et son intrépidité sont ses armes. Caroline est née en 1959 dans un camp de réfugiés sino-vietnamiens à Villeneuve-sur-Lot. Petite-fille de von Paulus, Stalingrad. Les six enfants sont placés à la DDASS. Caroline grandit dans une famille paysanne du Morvan. A treize ans, elle rejoint sa mère à Paris. Avec ses frères et sœurs, elle occupe de petits emplois dont elle remet les gains à la maman, qui joue aux cartes. A dix-sept ans, Caroline entre dans une agence de mannequins. Elle rejoint une bande, celle d'Edwige, d'Alain Pacadis, de Paquita, d'Yves Adrien, d'Élisabeth Hullin chez qui elle s'installe.

Lorsqu'elle gagne de l'argent, elle le flambe avec ses amis. Sur les photographies d'alors qu'ont conservées ses proches, le visage d'ange de Caroline, en ballerines et justaucorps de danseuse, apparaît aux fêtes du Palace. Caroline, elle, ne conserve rien.

Durant l'été 1978, elle file à Ibiza avec un sac Vuitton et en guise d'escorte son ami Philippe Kroutchey. Ils envoient des cartes postales signées Caroline et Chocolat. Dans les fêtes, on s'arrache ce beau couple, un garçon noir et une Chinoise. Invités chez les milliardaires de l'île, ils font des bêtises, s'amusent.

Coïncidence, Caroline von Paulus porte le même prénom que le personnage de l'album *Berlin* de Lou Reed, elle est la Marilou de *Rock around the bunker*, bien qu'alors Gainsbourg n'ait pas encore fait sa connaissance. Cet homme qui ne touche pas à la came a érigé en héroïnes de petites junkies. Bambou en est l'incarnation gracieuse. Il l'a imaginée avant de la rencontrer.

Sur les lettres qu'elle adresse à Gainsbourg après leur rencontre en 1979, elle l'appelle toujours « mon petit papa ». A la télévision, dans le Morvan, Caroline regardait les apparitions féeriques du couple Birkin-Gainsbourg, qui lui semblaient des parents de rêve.

Elle achève l'uniforme de Serge Gainsbourg, qui ne variera plus jusqu'à la mort. Blue-jean Levi's étroit du bas acheté aux puces. Mis aux normes à la maison. Ourlet effrangé sur un demi-centimètre. La jambe doit être plus longue derrière que devant. Et les deux jambes impérativement identiques. Le travail de Caroline subit ensuite un examen minutieux. Le négligé est une affaire sérieuse. Ses chemises militaires sont encore dotées de leurs étiquettes d'époque. Par grand froid, Serge Gainsbourg ajoute à sa panoplie un léger manteau de velours cintré qui date de l'ère Brigitte Bardot. Caroline l'observe, surprise. Il ne semble pas avoir froid. Elle se dit que l'alcool, peut-être, réchauffe.

Elle préfigure le jeune public que ce père non réprobateur va subjuguer. Il fait de brèves allusions à elle dans ses interviews dès 1979 : « Heureusement que j'ai des rapports incestueux avec la jeunesse actuelle. Ils pourraient être mes enfants et me considérer comme un vieux croûton. Or, ils m'aiment. » Inceste. C'est la première fois qu'il emploie ce mot.

Le 5 janvier 1986, naissance de leur fils Lulu. Bertrand Blier, qui attend la musique du film *Tenue de soirée*, a conté son baptême du feu. « On a passé comme ça deux jours et deux nuits hallucinants. Parfois, vers trois heures du matin, Bambou et ma femme allaient chercher à bouffer et Lulu, un nourrisson d'à peine quelques semaines, restait sur les genoux de son papa, tandis qu'il mixait ma B.O. à un volume qui aurait décollé les tympans de n'importe quel CRS. Moi j'osais pas bouger mais j'étais prêt à intervenir, je lorgnais avec effarement la cendre de sa Gitane à trois centimètres du crâne de son bébé somnolent, tandis que d'une main il actionnait les manettes et de l'autre se resservait du Pernod [1]. » Le résultat n'est pas excellent.

Caroline von Paulus n'étant pas une actrice, elle ne peut succéder à Jane Birkin. Elle apparaît en ombre chinoise dans les émissions de télévision.

> Bambou voyage par la pensée
> Elle est près de moi mais m'a déjà quitté
> Tous les silences de Bambou
> Hurlent dans ma tête et me rendent fou.

Elle n'est pas muette, cependant. En 1988, Serge Gainsbourg lui écrit un album-hommage funky enregistré au studio Dangerous Music à New York. Elle

1. Gilles Verlant, *op. cit.*

chuchote plus qu'elle ne chante, son babil évoquant celui de Charlotte Gainsbourg, de Catherine Deneuve ou d'Isabelle Adjani à la même époque. Serge Gainsbourg n'aime pas les chanteuses véritables. La mélopée enfantine et fragile de ses interprètes, au bord de la fausse note, est un instrument à sa disposition. Les cantilènes de Bambou reçoivent un accueil mitigé. Question de préjugé, sans doute : des chansons comme *J'ai pleuré le Yang-tsé* ou *Hey mister Zippo* sont plaisantes.

Charlotte Gainsbourg

A treize ans, Charlotte est promue Gainsbourg girl. Bienvenue au harem. Elle est née le 21 juillet 1971. Sa petite enfance fut discrète : la presse s'intéressait à ses parents. De temps à autre, visage trop sérieux, elle accessoirise une photo pour *Paris-Match*.

Extraite de sa pension suisse, elle enregistre *Lemon Incest* à New York en avril 1984 avec son père. *Sorry Angel*.

Son père lui fait chanter ces paroles :

> Inceste de citron
> Lemon incest
> Je t'aime je t'aime je t'aime plus que tout
> Papapapa
> L'amour que nous n'frons jamais ensemble
> Est le plus rare le plus troublant
> Le plus pur le plus enivrant.

La chanson possède un pouvoir narcotique certain. D'une voix de petit chanteur qui porte sa croix de bois, conduite par le phrasé plus corrupteur que jamais de son père, Charlotte, à son insu, participe à une entreprise illicite. Le rôle que Gainsbourg fait jouer à l'enfant la dépasse. « J'aime bien quand les gens ne comprennent pas, ça me donne plus d'intimité », déclare quelques années plus tard la fillette. La maladresse de la formule est explicite. L'enfant, depuis l'adolescence, n'a plus d'intimité.

L'expansion aidant, « Gainsbourg » devient une marque de tradition familiale, comme Grimaldi à Monaco ou Villemin à Lépanges, le petit Grégory ayant été assassiné la même saison 1984.

Dans son premier film important, *L'Effrontée*, de Claude Miller, Charlotte occupe un rôle mi-culotte Petit Bateau, mi-talons hauts. Elle y est simple et vraie. Le film est arrangé par ses parents. « Claude Miller est d'abord allé voir ma mère puis mon père. Mes parents avaient déjà donné leur accord quand il me l'a proposé [1]. » Son grand corps gauche intéresse le cinéaste.

La vie privée de Charlotte tombe dans le domaine public. En septembre 1984, Gainsbourg fait la promotion de l'album *Love on the beat*. Non seulement il flirte avec un interdit, l'inceste, mais il livre l'intimité de la petite fille, donnant en pâture un courrier privé.

« Quand elle vient à Paris, Charlotte couche dans mon lit. Elle m'a écrit une lettre absolument bouleversante parce que je l'avais charriée sur ses nibards qui commencent à pousser [2]. » Une puberté s'expose en pleine lumière implacable et cela ne choque personne. Une confusion s'installe, entre la famille réelle composée par un père divorcé et sa fille, et les rôles imaginaires mis en scène par un artiste de music-hall.

« J'ai dit : tu sais, ma petite fille, tu pourras plus être dans mon lit – encore que j'ai un lit de trois mètres sur trois, on ne se touche pas – ça va être difficile, il faudra que tu ailles dans le boudoir où il y a un lit. »

1. *Le Matin de Paris*, 10 décembre 1986.
2. *Id.*, 21 septembre 1984.

Ce même grand lit carré est mis en scène dans le clip de *Lemon Incest,* citation autobiographique accentuant le trouble.

La cellule familiale gainsbourgeoise devient une abstraction, aussi transparente que le vivier du restaurant Flavio-Club de la Forêt (Le Touquet-Paris-Plage, 21 05 10 22, carte de homards, fermé du 10 janvier au 28 février).

« Elle m'a écrit : " Mon petit papa, quand j'aurai mes " bubbies " qui vont poindre, je voudrais quand même coucher avec toi. " »

Toutes ces citations sont extraites de la presse traditionnelle de l'époque. Rien n'oblige les reporters à restituer ces confidences prostituées. Rencontrer Gainsbarre, c'est en général faire provision d'effets crades. La famille Gainsbourg émoustille.

« Elle a treize ans, elle couche dans mon lit, mais entre nous deux il y a Bambou. Elle met le haut de mon pyjama et moi le bas [1]... »

Content de lui, le papa revient sur l'inceste avec l'obstination d'un petit-fils Hermès déclinant le thème « fer à cheval » sur ses foulards. Après la chanson et le clip, le film. La jeune fille est à nouveau exposée dans *Charlotte for ever.* « C'est une enfant tellement secrète, décente, extrêmement décente », déclare Serge Gainsbourg pour la promotion du film. A l'image, « l'enfant secrète » est exhibée torse nu, manipulée par un père qui s'en dédouane illico dans *Le Matin de Paris* : « Elle a accepté. Puis elle est rentrée à la maison en disant " papa m'a trahie ". Et puis elle a compris. Elle a quand même compris que c'était à peine visible [2]. »

Dans les interviews à la sortie du film, le désarroi de l'enfant transparaît : « Pour la première fois j'ai très peur. Je ne sais pas ce que ça va donner, mais

1. *Best,* novembre 1984.
2. *Le Matin de Paris,* 10 décembre 1986.

j'ai peur de ce que les gens vont en penser. Je ne veux pas en parler : je ne veux pas blesser des gens [1]. » Et surtout pas son papa. A cette époque, il verse dans l'éthylisme extrême, entamant la journée avec un double apéritif, un Pastis 51 que son valet lui sert au petit déjeuner. La grand-mère de Charlotte, Olga, est morte en avril. Gainsbourg pleurniche, il est pathétique, la petite fille doit le consoler.

La solitude de Charlotte, qui accorde des interviews de semi-autiste, transparaît. Elle souffre de ces intrusions : « Si ça ne tenait qu'à moi, je ne ferais jamais d'interviews et je ne passerais jamais à la télé. Ça m'fait chier tout le temps [2]. » Heureuse de tourner un film avec son père, elle ignorait au départ l'équivoque du scénario.

« De toute façon, l'année prochaine je retourne en pension comme avant. C'est moi qui ai décidé ça. C'est dans moi. Je me rends pas compte si c'est pour échapper à tout ça. De temps en temps, est-ce que ça m'est arrivé d'avoir envie d'être comme toutes les autres filles de mon âge ? Peut-être, mais je ne sais pas encore bien. De toute façon y a pas intérêt à se dire qu'on aurait pu être mieux avec quelqu'un d'autre. Parce que alors ça voudrait dire qu'il faudrait espérer autre chose. Et on ne peut pas faire ça. » Le film est un échec, Gainsbourg pleure sur les critiques, Charlotte doit encore le consoler.

Dans la famille Gainsbourg, on finit par se tourner vers la mère. Que pense la maman de tout cela ? Elle est très discrète. « Charlotte et Serge sont deux monstres de complicité [3] », déclare Jane Birkin. Et, à propos de *Charlotte for ever* : « C'est

1. *Le Figaro Magazine*, 6 décembre 1986.
2. *Le Matin de Paris*, 10 décembre 1986.
3. *Le Figaro Magazine*, 28 février 1987.

un film qui m'a émue par touches. Très spécial. Très personnel. Mais les personnages sont très innocents. » Jacqueline Ginzburg, sœur aînée, assiste à une projection privée du film, gênée et impuissante.

C'est un journal anglais, qui, en septembre 1993, ose s'étonner de la persistance du thème incestueux dans la carrière cinématographique de la jeune fille. « Charlotte Gainsbourg fait carrière dans le " incest movies ", remarque le *Sunday Times*. Dans *Charlotte for ever*, elle passe son temps dans le lit de son père [1]. » Dans sa filmographie, deux films ont été dirigés par son beau-père Jacques Doillon. Un autre, *Cement garden*, une histoire d'inceste frère-sœur, est l'œuvre de son oncle, Andrew Birkin.

« Je trouve naturel qu'on puisse éprouver un désir physique pour un membre de sa famille, frère ou père. Cela ne me choque pas du tout », dit Charlotte.

Et si, jalouse de son intimité, elle intente en 1992 un procès au magazine *Elle* qui a révélé le nom de son jeune compagnon, elle laisse diffuser le clip de *Lemon Incest*, si indiscret.

Charlotte confesse sa détresse : « Je cherche la sérénité. C'est peut-être un passage dans ma vie, mais je ne sais comment trouver le plaisir. Parfois, alors que je pourrais me sentir heureuse, je ne pense qu'à mes problèmes, et je ne m'amuse pas beaucoup [2]. »

1. *The Sunday Times*, 26 septembre 1993.
2. *Id.*

Un zeste de p'tit con

Le clip de *Lemon Incest* sort en septembre 1985, bande-annonçant un spectacle au Casino de Paris. On peut y voir un film charmant. Ou une subtile transgression des bornes crades. Serge Gainsbourg exhibe un buste rance, et l'enfant a les jambes nues. On cherche en vain, dans les coupures de presse de cette période, un mot d'étonnement. Rien. Deux cents journalistes, pourtant, ont répondu à l'invitation de la Seita, qui les a conviés au George-V pour le lancement de la Gitane blonde : la société a loué les services de Serge Gainsbourg, qui donne une conférence de presse pathétique.

La personnalité du père de Charlotte, un notable, un quasi-héros national, à qui Jack Lang, ministre de la Culture, a remis la croix d'officier des Arts et des Lettres, aveugle-t-elle ? Une seule chose provoque un minuscule remous : Serge Gainsbourg, pour *Lemon Incest*, a une fois de plus emprunté une mélodie.

Au début des années 80, l'inceste semble un phénomène monstrueux et exceptionnel. On l'attribue à la promiscuité dans les milieux pauvres. Les procès sont rares et secrets.

Gainsbourg, avec son sens infaillible des vices porteurs, est tombé juste. Il pèche à la place des Français. Dans ses provocations, il renvoie toujours à la France un reflet bien crapoteux d'elle-même. Mieux, sous le pseudonyme de Gainsbarre, il incarne le côté dégueu du petit-bourgeois français.

Lemon Incest sert de cas d'école aux professionnels de l'enfance maltraitée. Décrivant les signaux d'alarme d'abus sexuel dans une famille, les auteurs de *La Violence impensable* [1], manuel destiné aux travailleurs sociaux, citent le clip de Serge Gainsbourg.

« On trouve une excellente illustration d'un de ces symptômes dans le clip de Serge Gainsbourg, *Lemon Incest,* dans lequel on voit le père porter la culotte du pyjama, alors que sa fille Charlotte porte la veste du même pyjama.

« Ces maisons trahissent une des règles pathogènes du fonctionnement familial : l'intimité personnelle est impossible, l'intrusion est permanente, et rien n'appartient à personne. »

Depuis, le nom de Gainsbourg apparaît fréquemment au cours des procès pour inceste. C'est en écoutant son mari chanter *Lemon Incest* à tue-tête, tel Peter Lorre dans *M. le Maudit,* qu'Annie commence à soupçonner les trafics de son époux. Elle enquête à la maison. « Ma mère m'a appelée, a ouvert un dictionnaire au mot " viol ", et m'a fait lire à haute voix. Il y a eu un déclic », raconte sa fille Virginie. L'enfant craque et raconte. Son père, un apprenti boulanger, la violait depuis l'âge de onze ans (*France-Soir,* novembre 1991).

Catherine Deneuve

Dans le jeu des sept familles élaboré par Serge Gainsbourg, Catherine Deneuve, l'espace d'une saison, joue un rôle alléchant. Lui en patriarche permissif. Elle en néo-belle-maman magnifiée par Helmut Newton. Gainsbourg régnant sur les disques d'or, elle sur la Nuit des Césars. Ils se sont rencontrés en 1980 sur le tournage d'un film de série B(erri), *Je vous aime.* Ils enregistrent un duo, *Dieu est un fumeur de havanes.* La même année,

1. Pierre Sabourin, Frédérique Gruyer et Martine Fadier-Nisse, *La Violence impensable,* Nathan, 1991.

Gainsbourg lui compose un album hâtif, *Souviens-toi de m'oublier*, qui contient une jolie chanson, *Alice hélas*.

Rock & Folk dépêche une équipe sur les lieux. Catherine Deneuve va jusqu'à prétendre qu'elle picole. Vodka Bison. Champagne avec des glaçons. Les lycéens en avalent leur exemplaire neuf de *La Société du spectacle*, éditions Lebovici. Astrologiquement, elle est l'alter ego de Serge Gainsbourg. Femme pratique, Catherine Deneuve lui a présenté son agent, Bertrand de Labbey.

Serge Gainsbourg la remercie par une muflerie. Le 25 décembre 1984, dans le journal *Libération*, Alain Pacadis rapporte une mini-interview du chanteur, recueillie par Valérie Lang, fille du ministre, et lui-même à l'occasion d'une fête du *Nouvel Observateur*, sous le titre « GAINSBOURREMAN ».

« Valérie Lang : Pourquoi t'as fait jouer ta fille Charlotte dans un film aussi nul que *Paroles et musique* ?

S.G. : Je ne savais pas d'avance le résultat. Charlotte est sublime.

V.L. : Elle est ravissante mais le film est débile.

S.G. : Oui, avec Catherine Deneuve et d'occase... »

Beaucoup de femmes ont eu à subir ses rosseries. Catherine Deneuve lui envoie alors un beau télégramme : « Vous ne serez jamais assez ivre à mes yeux pour justifier vos jeux de mots à *Libération*. Stop. Il faut savoir résister à certaines tentations. Stop. Vous ne pourrez jamais noyer vos regrets et malgré vos triomphes je sais que vous êtes inconsolable pour des raisons qui ont cessé de m'intéresser. Stop. J'avais de l'affection pour vous mais plus d'indulgence serait complaisant. Catherine. »

Et Gainsbourg d'exposer le télégramme bien en vue dans son salon, rue de Verneuil.

Catherine Deneuve a eu le dernier mot : c'est elle

qui, sur la tombe fraîche, a lu l'oraison funèbre de Gainsbourg. Le texte de *Fuir le bonheur de peur qu'il ne se sauve.* Des lunettes noires masquaient son profond chagrin.

Politique coloniale

La diplomatie de ses relations féminines est délicate. Serge Gainsbourg a l'esprit colonisateur. Après la conquête, il organise l'interdépendance économico-affective. Élisabeth Levitsky, toute sa vie, est assujettie à un rôle maternalo-amical. Jane Birkin le ravitaille en soupes de légumes. Caroline von Paulus l'escorte en extérieurs. Serge Gainsbourg est un authentique polygame.

Toute Gainsbourg girl conserve l'illusion d'une relation privilégiée. Il organise savamment cette politique, qui lui permet de maintenir partout son pavillon. Cadeaux et verroterie jouent leur fonction. Au lendemain de la disparition de Gainsbourg, surgit rue de Verneuil un émissaire de la maison Cartier, venu s'assurer qu'un cœur en diamant d'une valeur de quatre cent mille francs, que la maison vient de livrer, n'a pas disparu. Gainsbourg le destinait à une de ses compagnes.

Ses derniers présents attestent une grande largesse : chèque de trois cent mille francs pour l'association d'aide aux animaux d'une amie. Subvention de cinq cent mille francs à une jeune styliste qui crée une entreprise de mode. Voiture pour une ancienne épouse. Très politique, il joue double, triple, quadruple jeu. En 1983, il enregistre à la même période le disque d'Isabelle Adjani et *Baby alone in Babylone*, celui de Jane Birkin. Les techniciens du studio Continental, rue des Martyrs la bien nommée, ont pour consigne de dissimuler à chacune ce travail en stéréophonie.

En apparence, il est royal. Les présents servent son prestige. Il gagne de trente à cinquante millions de francs par an. Il est milliardaire. Gentil et égoïste. Un milliardaire qui offre une petite voiture, c'est comme un employé concédant une piécette...

Élisabeth Levitsky, dossard n° 1, a subventionné les débuts de Lucien durant dix années. A toute heure, il débarque chez elle, sans se soucier du bien-être de cette femme. Elle a été licenciée du *Matin de Paris*. Il subventionne la corporation des taxis parisiens, excellents agents de propagande, mais sa première épouse vit dans le dénuement.

Avec la seconde, il se querelle par avocat interposé sur des questions de factures impayées. L'argent a joué de mauvais tours à Françoise Pancrazzi. « J'ai été grand seigneur. J'ai acheté un appartement à ma fille Natacha, dans le Quartier latin, en donnant l'usufruit à sa mère. A qui j'ai aussi payé une bagnole hyper-chicos, un coupé 404... » C'est amusant, ce type qui ne sait pas conduire et qui offre des voitures à ses ex. Gainsbourg n'a pas été « grand seigneur ». Lorsqu'il conclut cette transaction avec Françoise Pancrazzi, celle-ci est enceinte de leur fils Paul, qui naît au printemps 1968 (début Birkin), sans son père.

Sa dernière compagne est confrontée à une situation précaire. Caroline von Paulus, mère de Lulu, est vulnérable : sa maisonnette, dans un îlot de squats au fond du 13e arrondissement, appartient à son fils.

Sensible, réceptif, charmant, Serge Gainsbourg est aussi terriblement égocentrique.

8.

DISQUE D'OR 18 CARATS

« Éphémères? Le chêne millénaire est tout aussi périssable que l'anémone qui pousse à son pied. Mais il y a de l'intemporel dans l'un comme dans l'autre. »

E.J., le petit jardinier,
catalogue Vilmorin.

« La véritable musique est tout entière ici dans le regret d'hier et l'espoir de demain, l'espoir aussi douloureux que le regret. »

Dino Buzzati.

La manière de Serge Gainsbourg s'apparente à celle du joaillier fantaisie. Sa facture chatoyante évoque celle d'un autre artisan du siècle, Gabrielle Chanel, lorsqu'elle se mêle de réaliser des parures en toc avec l'assurance somptueuse d'un faussaire. En toutes choses, bibelots, femmes ou livres, Serge Gainsbourg affectionne le bijou ciselé, le bref chef-d'œuvre. Ainsi de ses chansons, lorsqu'il a la main heureuse. Ce goût lui vient de l'enfance. Chaque jour, Lucien a écouté son père égrener des arpèges de Chopin. Le Polonais est un cas singulier : il a écarté l'orchestre et ne compose que pour le piano. Dans une construction simple, que certains dédaignent pour sa simplicité, il fait entrer un univers. Son écriture harmonique est toute de grâce et de délicatesse : Serge Gainsbourg joue sur la même longueur d'onde que lui.

Le piano-bar, qui exige de contenter illico le caprice du client, a été son hypokhâgne. Le pianiste de bar doit écouter, mémoriser, dupliquer. Un talent d'assimilation. Deux doigts d'arrangements et l'affaire est faite. Ce métier, qu'il a pratiqué plus de dix ans, Serge Gainsbourg l'a adapté aux transistors.

Approvisionnements

Lorsqu'on se moque de ses grandes oreilles, Serge Gainsbourg réplique : « J'en ai besoin pour entendre. » Elles sont son outil de travail, son excavatrice, sa pelleteuse. Il lui suffit de les laisser traîner. La musique est partout. Le fond sonore légué par son père a été sa kimberlite, sa terre bleue diamantifère. Serge Gainsbourg puise dans le gisement classique, essentiellement de la fin du siècle dernier.

Un document réalisé à Paris en février 1968 propose un scanner d'une chanson. La télévision filme la création d'*Initials B.B.*, de la feuille blanche au disque. Ce reportage s'intitule : « Naissance d'une chanson ».

La caméra se promène sur des brouillons hachurés. On décrypte au vol des bribes de textes biffés.

> Capiteux parfum flottait dans l'air...
> Jicky de chez Guerlain.

ou :

> Les bottes de cuir noir
> Lui laissaient le haut des cuisses nues.

En fond sonore, claquement sec du briquet Zippo. On devine que Serge Gainsbourg allume une cigarette. Il compose le personnage de l'artiste cherchant l'inspiration, pianotant la mélodie. Cigarette à la bouche. Esthétique du facile, prestige de l'absence d'effort. Gros plan chorégraphique sur les touches du Pleyel. *Ta,ta-ta, ta, ta,ta-ta, ta,ta-ta...* Note à note, Serge Gainsbourg a prélevé le refrain d'*Initials B.B.* sur la *Symphonie du Nouveau Monde* d'Antonín Dvořák. Sans tambour mais avec les trompettes prévues par le Tchèque. La télévision est muette à ce sujet : nul Dvořák au générique. Oui, Serge Gainsbourg a piqué, et cela n'a aucune importance. La variété procède par emprunts. Sans Gainsbourg, Dvořák n'aurait pas fait un tube. De sa symphonie, Lucien Rebatet a écrit qu'elle était le type d'œuvre à donner aux auditeurs d'une demi-culture la sensation de s'élever à la « grande musique ». « D'où son succès universel. » De la part de Serge Gainsbourg, le choix est finaud : il incruste dans la mélodie un motif au succès déjà certain.

Avec sa mémoire de pianiste de bar, Serge Gainsbourg a recyclé ses trouvailles en virtuose ingénieux. De Chopin à Grieg en passant par Brahms ou Aram Khatchatourian (1903-1978), grossier et glorieux compositeur officiel russe, auteur de la *Danse du sabre* et du *Poème à Staline*, à qui il a subtilisé un morceau intitulé *Andantino*, Serge Gainsbourg a vécu sur l'héritage paternel. Mais pas seulement. Il a prospecté partout, du répertoire classique au blues en passant par les chansons de cow-boy, le twist, le reggae de Sly and Robby, les sambas, etc., besognant le toc avec autant de ferveur qu'un joyau et la plus grande fantaisie.

Il est allé jusqu'à se *sampler* lui-même, recyclant un thème identique dans *Ford Mustang*, *Initials B.B.* et quinze ans plus tard dans deux chansons pour Catherine Deneuve, *Digital Delay* et *Souviens-toi de m'oublier*, mais aussi dans *Lola Rastaquouère* et la musique du film *Tenue de soirée*.

Serge Gainsbourg a chanté par infirmité. Parce qu'il ne parvenait pas à peindre. La chanson est son violon d'Ingres, son hobby, son dérivatif. Inhibé par la feuille blanche, il s'empare de matériaux disparates qu'il trafique. Si le style exprime l'homme, alors Serge Gainsbourg est un homme émietté, fragmenté, démantibulé, que cimente le désir de plaire. Il s'est bricolé une identité. Parolier futé, sa politique est de même brocante. Malaxant écriture automatique et bribes taxées aux devantures, il les carambouille avec des trucs faits à la maison. Il excelle à cet exercice, moins simple qu'il n'y paraît. Dans *Harley Davidson*, il détourne un distique d'Alphonse Allais cité par Apollinaire dans *Les Onze Mille Verges*, volume extrait de sa bibliothèque :

> La trépidation excitante des trains
> Nous glisse des désirs dans la moelle des reins.

Dans *Jésus-Christ Rastaquouère*, plaquette numérotée de Francis Picabia, Serge Gainsbourg prélève un vers pour une chanson de Jane Birkin : « Je fuis le bonheur pour qu'il ne se sauve pas. »

Avec ce principe, en peinture, il eût commis des collages délicats.

Le procédé « Serge Gainsbourg »

Dès sa première chanson, Serge Gainsbourg bénéficie de l'intervention d'un orfèvre chevronné. Sur le coffret édité par Polygram en 1990 figurent côte à côte deux enregistrements du *Poinçonneur des Lilas*. La première version de Serge Gainsbourg seul au piano est raide et nerveuse, à l'image de son interprète. C'est un barbant documentaire rive gauche en noir et blanc : il conviendrait à Philippe Clay. L'écriture est conventionnelle : texte à prétentions littéraires, composition musicale apprêtée.

« Qu'entendez-vous sur ce disque ? demande Boris Vian dans *Le Canard enchaîné* en 1958.

– D'abord Alain Goraguer. »

Le poinçonneur en plomb brut que lui confie Serge Gainsbourg, l'orchestrateur le plonge dans un bain d'émail. Historiée par Alain Goraguer, la chanson ressort avec une grâce déliée et colorée. Il écrit une partition pour chaque instrument, selon la tradition « couture » de l'époque. Elle est enregistrée boulevard Blanqui avec l'orchestre du studio Philips.

Ce morceau alerte se joue de la monotonie : les mêmes phrases musicales sont exécutées tour à tour par chaque instrument, et jamais répétées. Le hautbois allègre insuffle un désir épidermique de foutre le camp, de tout plaquer dans l'instant. L'effleurement des balais de la batterie entretient une onde d'euphorie. Une rythmique aérienne rehausse l'ensemble. Contre-chant du sax baryton, qui dialogue avec le piano. Clarinette et, subtil guillochage, flûte jouée avec un phrasé d'accordéon, qui suggère des réminiscences portuaires. Ce n'est pas le voyage, mais son délicieux compte à rebours, le trajet qui mène à l'embarcadère. Inflexions tendres de la flûte, pavées de mélancolie : on ne fuguera pas, au bout du compte. L'instant est poignant, toujours, lorsqu'une chanson aimée s'achève.

Au revers de la pochette de ce premier disque figure un texte de Marcel Aymé. C'est Denis Bourgeois, adjoint de Jacques Canetti chez Philips, qui a eu l'idée de se rendre à Montfort-l'Amaury chez l'écrivain, avec un pick-up portatif et un disque souple. Bourgeois voyait on ne sait quelles affinités entre les deux hommes, introvertis et timides. La chanson n'intéressait pas Marcel Aymé, qui a expédié le papier dans la nuit.

« Serge Gainsbourg est un pianiste de vingt-cinq ans qui est devenu compositeur de chansons, parolier et chanteur. Il chante l'alcool, les filles, l'adultère, les voitures qui vont vite, la pauvreté, les métiers tristes. Ses chansons, inspirées par l'expérience d'une jeunesse que la vie n'a pas favorisée, ont un accent de mélancolie, d'amertume et souvent la dureté d'un constat. Elles se chantent sur une musique un peu avare où, selon la mode de notre temps, le souci du rythme efface la mélodie. Je souhaite à Gainsbourg que la chance lui sourie autant qu'il le mérite et qu'elle mette dans ses chansons quelques taches de soleil. »

Alliages maison

> « Ce petit *do* dièse de la basse est imperceptible mais très intéressant. »
>
> Lagaillarde and Partners,
> cabinet d'audit.

En 1962, à travers *La Javanaise*, Serge Gainsbourg s'offre un premier flirt subreptice avec l'air du temps. C'est un titre de transition, très élaboré. La chanson chavirante a été enregistrée à Londres. Les arrangements sont de Harry Robinson. Elle préfigure le style que Gainsbourg développera dans les années 60.

L'audacieuse alliance de violons classiques, évoquant un couple enlacé qui tourbillonne, et de guitares électriques cisaillantes empruntées à la variété italienne, génère un univers insolite. Avec une virtuosité de post-moderne, Serge Gainsbourg ente sur sa tradition musicale – composition et paroles sont façonnées par les années 50 – un habillage neuf, en Bofill du hit-parade : une basse électrique se substitue à la contrebasse.

La Javanaise est la chanson favorite de Serge Gainsbourg. Le pouls de la basse pilote une valse chaude et désabusée. Cette systole clinquante résume l'ascendant de Gainsbourg, la concision de ses effets.

Lorsqu'on la fait expertiser aujourd'hui par de jeunes arrangeurs, ils sont en admiration devant la perfection de la partition de basse, adornée de minuscules détails subliminaux. Le bassiste bousille la syntaxe, substituant mine de rien un *do* dièse à un *la*. Fantaisie et contraste sont ménagés de très exquise manière. Il faudrait édifier une statue à ce musicien dont on ne sait le nom et qui a glissé là un raffinement inattendu.

Outil de production

La variété est affaire de vitesse. C'est une technique, un métier, un commerce. Elle requiert l'art vif et léger de capter l'air du temps et, de ce point de vue, Serge Gainsbourg est un rapide. La maison se perfectionne, adaptant sans cesse sa production aux exigences du moment. La vague yé-yé provoque un petit séisme, déstabilisant brutalement les frêles équilibres du négoce discographique. En stock, Serge Gainsbourg n'a guère que du Juliette Gréco, du Michèle Arnaud, de l'Isabelle Aubret ou du Philippe Clay. Rien de sexy, à la pétulante exception de Petula Clark. Il ti-tube.

Dans un « Discorama » spécial Gainsbourg de 1963, il avoue sa morosité de presque quadragénaire confronté à Johnny Hallyday, dix-sept ans :

« Que pensez-vous de la nouvelle vague ? demande Denise Glaser.

– La nouvelle vague, c'est moi. Je ne me soucie pas du tirage de *Babar* et de *Tintin*. Moi, c'est la chanson française. Elle doit aller de l'avant, ne pas être à la remorque de l'Amérique. »

Obnubilé par son âge, il se croit vieux : « Je me faisais du souci de ne jamais être dans " Salut les Copains ". Je parle de l'émission. Putain, ça me gonflait. Par l'intermédiaire de France Gall, de Françoise Hardy, j'ai commencé à y entrer un peu, mais jamais moi. J'étais le vieux schnock. C'était dur. C'était très dur pour le moral. »

L'homologation yé-yé, il l'obtient peu à peu, sans y toucher. Il se revanche d'abord avec deux élégants albums, dont *Gainsbourg Confidentiel* en 1963 qui, comme son titre le présage, passe inaperçu.

L'album entier est exquis. En réaction aux yé-yé, Serge Gainsbourg, trente-cinq ans, opte pour une démarche radicale : il enregistre un album complet avec deux instruments – la guitare jazz d'Elek Bacsik, la contrebasse de Michel Gaudry – et sa seule voix. Ce dénuement est magnifique. Le swing délié, léger, pensif évoque la bande-son d'un roman de Françoise Sagan, best-vendeuse du moment.

Serge Gainsbourg se yéyétise sans perdre la face. Il élague ses textes, qui gagnent en désinvolture. La vogue des chanteurs yé-yé, aux paroles élémentaires, a démonétisé les prétentions littéraires rive gauche. Anglicismes et onomatopées affluent, la phrase devient sonore, comme dans *Elaeudanla teiteia.*

Diversifiant ses sources d'approvisionnement, il puise dans la variété italienne sous l'inspiration de son amie Laura Betti, qui n'a pas encore tourné dans les films de Pasolini. En maillot, collant et pull-over, elle donne un tour de chant au cabaret de la Tête de l'Art dans lequel elle récite des textes de Moravia, Buzzati et Pasolini, un fouet à la main.

Dans *Gainsbourg Confidentiel,* cette amitié transalpine affleure sur *Scenic railway,* dont l'éclat italien rappelle *Furore,* d'Adriano Celentano.

Serge retrouve Alain Goraguer sur *Gainsbourg Percussions* et c'est un nouvel album expérimental. Leur travail évoque une autre production de l'époque, l'album *Midnight Blue* de Kenny Burrell, enregistré avec un sax, une guitare, une contrebasse et des percussions. Globe-trotter du vinyle, Serge Gainsbourg diffuse des colifichets ethniques, sambas et rythmes latinos de *Pauvre Lola* et *Couleur café* ou myriam-makébateries de *New York USA* et *Marabout*. C'est la variété dans ce qu'elle a de plus agréable : surprendre, étonner, divertir. Il faut les écouter vite, distraitement, naïvement, comme on admire au passage une jolie vitrine, une robe pimpante.

Les années 1967, 1968, 1969 représentent son apogée musicale. Il renonce au « songwriting » classique pour papilloter dans des collages plus modernes : peu de ses chansons, à cette période, peuvent encore se jouer simplement à la guitare. Serge Gainsbourg colle à l'actualité musicale avec un sérieux naïf. Plus british que les British, il inscrit la vogue psychédélique sur le cahier des charges de la variété française. Il met ses vieilles méthodes au service d'un Swinging London reconstitué. Un orchestre professionnel et non un groupe. Un chef d'orchestre et non un producteur.

Chaque morceau est un petit monument pop. Serge Gainsbourg a la passion du détail baroque. Il commet des pacotilles kitsch amusantes, comme *Qui est in, qui est out, Contact*... Et des perles : *L'Anamour, Sous le soleil exactement, Initials B.B., 69 année érotique* qui composent d'exquis tableaux d'intérieurs 70.

Les années d'or

Ce n'est rien, une chanson de variétés. Un texte pauvre, une mélodie sans prétention, une voix approximative. Du mélange des trois *L'Anamour* tire son relief grisant, sa nostalgie citadine. Les paroles ne sont que des bribes oniriques, des indications subreptices. Serge Gainsbourg possède le génie bref des indicateurs d'horaires, qui propulsent à l'instant dans les halls d'embarquement.

La puissance de résurrection de *L'Anamour*, comme aurait écrit Pierre Mac Orlan, est bouleversante. Le dénuement de phrases inachevées autorise les correspondances. La musique, très club de vacances, n'a rien d'exotique. *L'Anamour* transporte avec ses notations aussi succinctes que des passerelles.

> Tu sais ces photos de l'Asie
> que j'ai prises à 200 Asa.

On sait à peine ce que signifie « 200 Asa ». Serge Gainsbourg incruste là un élément extraterrestre aux déroutantes séductions. On lit entre les lignes quelque chose de suggéré par la mélodie et la voix, la voix nette de Gainsbourg qui détache les mots dans le vide. Un appel qui marche à tous les coups, velouté et sournois. Il n'en dit pas trop, quelques repères, la mémoire de l'auditeur, en apnée dans ses souvenirs, complète. Il est parvenu à transcrire une particularité de sa phrase : il parle par ellipse. Dans une chanson, dès qu'un élément subjugue, le reste est secondaire. On entend ce qu'on veut bien. *L'Anamour* emporte dans un kaléidoscope merveilleux et absurde : hall d'aéroport, pistes d'envol, poste de police, plages d'Asie :

J'ai cru entendre les hélices
D'un quadrimoteur mais hélas
C'est un ventilateur qui passe
Au ciel du poste de police.

L'Anamour, avec son atmosphère euphorisante, ne suggérera plus rien demain. Les mots s'éventent, le parfum du kérosène se disperse. Une chanson ne meurt pas, elle s'évapore. C'est ce qui la rend touchante.

Serge Gainsbourg chante *Initials B.B.*

Mars 68. La caméra le filme à Londres, donnant des directives à un chef d'orchestre anonyme pour l'enregistrement d'*Initials B.B.* Gainsbourg claque des doigts, geste qui met en valeur ses belles mains. Le nom du chef d'orchestre n'est pas mentionné. C'et dommage. Arthur Greenslade est un des meilleurs arrangeurs de Londres, et sa contribution luxuriante donne sa couleur au disque. Il a irisé les plus belles chansons de Serge Gainsbourg, de *L'Anamour* à *69 année érotique*.

Les grands orchestrateurs avec lesquels le chanteur enregistre sont en réalité des compositeurs. A la même époque, il collabore avec David Whitaker, gentleman de l'arrangement. Directeur artistique avisé, il annexe les meilleurs artisans du moment.

Avril 1968. *Initials B.B.* est enregistré avec l'orchestre et les chœurs d'Arthur Greenslade. Serge Gainsbourg innove : il dit son texte plus qu'il ne le chante. La voix, chaude et corruptrice, se charge de sensualité depuis *La Javanaise*.

Initials B.B. est un ex-voto capiteux, baroque et mordoré, niellé de sombres sonorités. Incantation captieuse et entêtante, elle fait surgir des visions de négresse blonde d'une bouteille de Perrier. Il y a de l'effroi dans la petite féerie, la plainte crépusculaire de l'abandon, suggéré par les arrangements.

Toutes les notations d'*Initials* évoquent Brigitte Bardot. Elle lui a fait lire *L'Amour monstre* de Pauwels, livre du mois 1963, exemplaire numéroté 02 827. Lui a légué ses accessoires hippies, avant de partir en tournage à Almería, beau nom sur lequel se clôt la chanson.

L'inspiration du texte rappelle *Les Bijoux* de Baudelaire, dont l'émotion est voisine :

> La très chère était nue, et, connaissant mon cœur,
> Elle n'avait gardé que ses bijoux sonores,
> Dont le riche attirail lui donnait l'air vainqueur
> Qu'ont dans leurs jours heureux les esclaves des Maures.
> Quand il jette en dansant son bruit vif et moqueur,
> Ce monde rayonnant de métal et de pierre
> Me ravit en extase et j'aime à la fureur
> Les choses où le son se mêle à la lumière...

Sur sa musique subtilisée en douce, Gainsbourg chuchote sa lamentation d'amant largué en escale à Soho. Peigné-décoiffé, en pull de marin Busnel, il est très attirant. Il enregistre la chanson mais continue à jouer son rôle pour la caméra. Ancrant son personnage, il devient son propre matériau.

69 année érotique est probablement le dernier grand morceau de Serge Gainsbourg, son apogée et son déclin, celui qui synthétise ce qu'il a fait de plus flamboyant tout en contenant – dans la méthode – ce qu'il va faire de pire.

Le style bref de Serge Gainsbourg y rutile dans une ultime carte postale psychédélique, l'année où les hippies s'éteignent en Amérique et débarquent en France (où il les accueille). Gainsbourg et son Gainsborough folâtrent en Manche, annoncés une dernière fois par un génial bassiste dont le pacemaker étincelle. La scène défile par la vitre du ferry-boat, quoique la musique suggère une croisière en mer Égée.

Ensuite, c'est fini. Serge Gainsbourg ne se fatigue plus, musicalement. Il est brouillé avec certains orchestrateurs, abandonné par d'autres. David Whitaker, las d'arrangeoter de médiocres compositions, part à Hollywood composer des musiques de film qu'il signe lui-même. Michel Colombier, autre brillant arrangeur de Serge Gainsbourg, a lui aussi émigré à Los Angeles. Il travaille avec Brian Wilson, qui conservera de leur collaboration un souvenir émerveillé [1].

La collaboration avec Alain Goraguer a été fructueuse : *L'Eau à la bouche*, *New York USA*, *Couleur café*, *Les Petits Riens*, *Poupée de cire, poupée de son*... Jusqu'à la période pop, ils ne se quittent guère. Puis ils se fâchent, notamment à cause des bandes originales de film.

« C'était moi qui me tapais tout le boulot, et c'est le nom de Gainsbourg qu'on lisait au générique. Les musiques de film, c'est un job d'arrangeur : il suffit d'un thème de huit mesures, le reste est une question d'ambiance, " gaie ", " triste ", " poursuite ", etc. Pour *L'Eau à la bouche*, il m'avait demandé de signer seul. Par amitié je l'ai laissé faire parce que je sentais sa peur, son angoisse de ne pas réussir. Son âge le terrorisait, avant même l'arrivée des yé-yé. Bref, il signe seul, mais il me refait le coup pour *Les Loups dans la bergerie* et *Strip-tease* : là, j'ai craqué [2]. »

Résultat, l'album *Melody Nelson*. Compositions gainsbouriennes : zéro. Textes gainsbouriens : nunuches. Certes, *Melody Nelson* est le premier concept-album français. Mais, comme répond Jacques Dutronc à qui on demande pourquoi il a

1. Entretien avec Michka Assayas.
2. Gilles Verlant, *op. cit.*

enregistré une chanson en verlan : « Parce que sinon, un autre l'aurait fait. » Sur *Melody Nelson*, c'est Jean-Claude Vannier qui usine. Sa facture est parfaitement identifiable. La *Valse de Melody* et tous les arrangements précieux de l'album lui appartiennent :

« Je venais de faire *Sœur Anne* pour Nougaro. Il s'est dit qu'on pourrait peut-être travailler ensemble. Je l'ai rejoint à Londres. J'étais descendu au Cadoggan, l'hôtel où Oscar Wilde avait passé sa dernière nuit avant d'être emprisonné. Un endroit passablement décadent. Avec papier mural en lambeaux et murs défoncés. Superbe. Gainsbourg n'avait pas de mélodies, pas de paroles. Rien. " Sors-moi des trucs de ton tiroir ", m'a-t-il dit. *Melody Nelson* est né. Au départ, le principe était un peu celui de *Bécassine*. Melody Nelson à l'école, Melody Nelson en Bretagne... A la fin on avait de quoi remplir un double album [1]. »

Melody Nelson est un disque de Jean-Claude Vannier, interprété par Serge Gainsbourg. L'album sort en 1971. A cette date, le chanteur ne se casse plus. La musique lui importe moins que la célébrité.

Son répertoire, au fond, est secondaire : son œuvre, c'est lui-même. Petit maître de la variété, sa prestation est admirable. Metteur en scène de son personnage, il en est à la fois l'auteur, le compositeur et l'interprète.

Le public, subjugué par son numéro de charme, ne remarque pas que ses chansons sont tartes. Il s'intéresse moins à la musique qu'à son personnage. Gainsbourg l'a embobiné.

1. *Glamour*, décembre 1990 - janvier 1991.

Le charme noir

« L'illusionniste est un acteur qui interprète un personnage d'illusionniste. »

Robert Houdin.

Les chansons les plus célèbres sont les plus nulles. Elles s'épandent dans tous les interstices urbains, soporifiques, bâclées, énervantes : *Je t'aime moi non plus, L'Ami Caouette,* les lamentos de Jane Birkin, *Rock around the bunker, Sea sex and sun, Ecce homo, Glass securit.* Lorsqu'il refile de la variette à son public, il devient une star. L'esthétique n'y est pour rien. Ça marche à la voix familière et chuchotée, au phrasé sourd et hypnotique, au philtre qui engourdit.

Tout Gainsbourg procède du charme. Le charme noir. Une chimie érotique, une scabreuse étrangeté qui annexe. Un même mot a primitivement désigné la magie et le chant, c'est « carmen », le « charme », ode et formule magique à la fois. La chanson primitive est une incantation, un mot répété à l'envi. Celui du mort qu'on tente de ressusciter. Ou de l'amant infidèle. La musique, à l'origine, n'est pas un art d'agrément mais le rituel qui concilie les esprits. Elle est au service des urgences : faim et soif, guerre, amour et haine, mort.

Dans le refrain d'une chanson de variété reparaît et se condense l'incantation primitive. Gainsbourg a une facilité spéciale à exercer de l'influence. Tous ont succombé à son magnétisme.

Enquêter sur le charme n'est pas simple. La magie résiste à l'investigation. Toute personne admise un temps à partager l'intimité de Gainsbourg a le sentiment d'avoir vécu un grand moment. Il n'y a, en général, rien à tirer des victimes. Les témoins sont imprécis. Le charmeur exerce encore à distance. Autant demander au client d'un hypnotiseur d'en décrire les manipulations : il est muet ou délire de gratitude.

Néanmoins il y a des faits. Un charmeur tire parti de tout. Gainsbourg a un grand nez, par le bout duquel il mène son public. Paul Alt, le strip-teaseur, a admiré en professionnel sa dextérité à se moucher.

« Un art de se moucher... élégant... avec son grand nez... et toujours des mouchoirs de haut niveau. » Des Kleenex for men, dont les longilignes boîtes rouge et noir scandent chaque pièce, rue de Verneuil.

« Le charme slave a encore opéré », écrit son père, en éleveur qui veille sur la qualité des saillies. Qu'est-ce, le charme slave ? « Quelque chose qui sent la vodka et le plaisir de faire plaisir », dit Paul Alt, le professeur de glamour. Il a apprécié les prestations de Gainsbourg en connaisseur. « Sa gestuelle. Une façon de se mouvoir. »

Le plaisir de plaire. Un égotisme qui se déploie et anesthésie. Une laideur gothique. La beauté lasse. On ne s'habitue jamais à la disgrâce : elle est une perpétuelle surprise. Rien ne peut l'entamer. On lui demande d'expliquer son succès auprès des femmes : « La laideur fait peur. Elles aiment avoir peur. »

Jacqueline Ginzburg a été sa première admiratrice : « Chez Flavio, au Touquet, déjà, il séduisait. Il en était surpris. Le pianiste de bar, ça plaît aux femmes. »

Tout dépend du modèle de piano. Flavio, un soir de réveillon dans les années 90. Coincé près de la porte vitrée, un apprenti musicien transi joue sur un clavier Casio, déchiffrant des mélodies de Chopin reader-digestées par Didier Barbelivien. Il n'est pas succombable. « Mon frère jouait d'un air pénétré... »

Le musicien frileux, chez Flavio, n'appartient pas au genre pénétrant.

On a comparé l'emprise de Damia sur une salle au magnétisme de Danton. Avec ses girls comme avec le public, Gainsbourg a occupé une position de domination.

Et puis quelque chose dans son succès repose sur un « malentendu ». Qu'on incline ou non pour le personnage, les chansons de Serge Gainsbourg possèdent le pouvoir posthume de véhiculer dans le passé. La radio les a tant diffusées qu'elles ont infusé dans le public, y laissant une trace, une dilution comme l'homéopathie telle que l'imagine le professeur Benveniste.

Chacun peut reconstituer sa biographie personnelle sur ses tubes. Chaque chanson constitue un code d'accès, une clé mnémotechnique qui suscite instantanément le souvenir, le *petit roman* qu'il a fait naître autrefois. La suprématie de l'œuvre de Gainsbourg, c'est l'ubiquité : après quarante ans au hit-parade, ses musiques constituent la bande-son de chaque décennie. Sur le moment, on subit ou non son charme naïf. Son opportunisme peut irriter. On n'échappe pas à son habileté insistante. Il a même circonvenu les punks.

9.

GAINSBOURG ANNEXE LES PUNKS

« Ces années passées à sauter d'un club new-yorkais à une grande soirée parisienne apparaissent aujourd'hui non seulement lointaines mais aussi terriblement fragiles. Ceux qui, trop jeunes, ne les ont pas connues en font un mythe. Dites-leur que vous y étiez et ils seront à vos pieds. »

Javier Arroyuello.

« La mode n'est pas drôle. C'est quelque chose au bord du suicide. »

Coco Chanel,
citée par Patrick Eudeline, critique.

Un maître à penser

Lorsqu'un auteur lui adresse un recueil, Serge Gainsbourg arrache la page de dédicace et jette le reste du livre à la corbeille. Fermé à ce qui ne consolide pas son personnage. *Novovision, Confessions d'un cobaye du siècle,* le livre d'Yves Adrien a échappé au tri égocentrique. Le volume noir figure intact sur les rayonnages de la rue de Verneuil. L'épigraphe : « A un amateur de Trash », du nom warholien de la chronique qu'Adrien signe dans *Rock & Folk,* est un clin d'œil amusé de l'auteur, conscient de son ascendant. Serge Gainsbourg a su faire bon usage du manuel.

Égotiste inspiré du milieu des années 70, l'écrivain Yves Adrien, personnage à la Huysmans retiré à V., a fabriqué des modes. Aussi sensible qu'un sonar, il est réceptif aux nervosités de l'époque. Les procès-verbaux attestent son autorité. Le 1er janvier 1973, il emploie le mot « punk » pour la première fois, dans une chronique consacrée à un double album de compilation des petits maîtres du psychédélisme américain. Réalisé par le critique Lenny Kaye sous le titre *Nuggets*, le disque rassemble de futurs grands classiques du Chocolate Watch Band, des Question Mark & the Mysterians ou le *You're gonna miss me* des 13th Floor Elevators. Musique aux qualités sonores incertaines, elle a été baptisée « punk » par les Américains, selon un terme employé par les Noirs afin de désigner les petits Blancs. Le mot signifie « minable », « débile », « paumé », « taré ». L'enregistrement, de série B, n'est distribué que dans un seul point de vente, l'Open Market, 58, rue des Lombards, à Paris dans les Halles, une boutique de disques et de comics que dirige un fondamentaliste du rock and roll, Marc Zermati. Autant dire que la diffusion d'un tel incunable est confidentielle. Les critiques prémonitoires d'Yves Adrien, en revanche, ont une large audience. Les livraisons du mensuel *Rock & Folk* constituent alors l'*Énéide*, le *Mémorial* des lycéens. La facture suggestive des chroniques d'Yves Adrien, leur érudition rutilante transportent les lecteurs. A cette ardeur juvénile encore sans objet, le critique propose une direction. En secret, tous rêvent d'accéder à son univers, de partager ses aventures.

Au milieu des années 70, un méli-mélo d'esthètes, de rockers et de stylistes de mode, « the French punk rock aristocracy », selon l'historien du punk Jon

Savage, donne le ton à Paris. Tandis que la France mûre vit à l'heure Jeune, s'offrant un lifting politique en la personne d'un jeune chauve, Valéry Giscard d'Estaing, les jeunes authentiques, eux, tuent le temps. Le *Traité de savoir-vivre à l'usage des jeunes générations* est un bréviaire. Dans l'ouvrage de Raoul Vaneigem, un adolescent consciencieux peut découvrir que la société moderne lui propose non pas de vivre, mais de survivre. Le lyrisme libertaire de 1968 est obsolète. Si l'on meurt de faim dans le tiers-monde, on est condamné à périr d'ennui dans les pays riches. On n'a dans ce cas rien à perdre. Dieu merci, les Sex Pistols passent au Chalet du Lac.

Lorsque, près d'un an plus tard, le 28 novembre 1973, à quatorze heures quinze, Malcom Mac Laren arrive à Paris avec les New York Dolls, il découvre que ses idées opèrent déjà en France. Cinq jours auparavant, Yves Adrien a fait la connaissance d'Alain Pacadis : « Ensemble nous hantons les rues des Halles, entourés d'une cour de groupies à qui Yves distribue des Mandrax : " It's so good for the mind... C'mon little girl, I hate you. " »

Corps chétif et pathétique, Alain Gilbert Pacadis est né le 5 juillet 1949 à Paris dans le 19e arrondissement, de parents grecs immigrés en France au début du siècle. Comme les Ginzburg, il vit en exil. Après la mort de son père en 1963, puis de sa mère en 1965, il n'a plus aucune famille en France. Orphelin. Très diplômé (licence d'histoire de l'art à la Sorbonne, maîtrise d'esthétique à Saint-Charles, doctorat de troisième cycle en philosophie, trois années d'études à l'École du Louvre, spécialité peintres pompiers), il milite à Lutte ouvrière au début des années 70 avant de rejoindre l'agence de presse Libération en 1972.

Alain Pacadis va diffuser les goûts d'Adrien dans *Libération*, comme le rappelle ce dialogue publié en 1980.

Pacadis à Adrien : « Tu as découvert le punk en 1973, tu t'en es lassé au bout de sept mois et tu l'as jeté comme un Kleenex : c'est moi qui l'ai ramassé. »

Adrien à Pacadis : « Oui, tu l'as repris avec beaucoup d'agilité pour en faire une chose beaucoup plus publique qu'elle n'était au départ, un peu pitoyable et très touchante, une espèce de mélange entre Pink Flamingo et la mythologie des banlieues. »

Si Pacadis ramasse les Kleenex d'Adrien, Gainsbourg collecte ceux de Pacadis. Ainsi se propage la mode : par duplication exponentielle.

Le rock traverse une zone de turbulences. Il s'est rassis, tel un quinquagénaire à la plage, en maillot de bain Azzaro, paré comme un reliquaire. Jusque-là, il a évolué selon la dynamique optimiste du progrès. Les punks lui opposent parodiquement quelques accords au son « garage ». Le mouvement pratique l'écobuage. Pas de futur pour le rock and roll et les anciens de Maleville, ces crétins qui croyaient en la Libération. En 1976, les Sex Pistols chantent *Anarchy in the UK,* annulant les modes antérieures. Les punks renchérissent sur la « laideur du monde ».

Un personnage aussi pessimiste que Gainsbourg ne peut qu'apprécier la séduction nihiliste du mouvement. Périodiquement, le rock, épris d'autodestruction, engendre des personnages suicidaires. Gainsbourg est sensible à leur charme ensoufré. Il cite davantage les morts que les vivants, comme sur *Ex-fan des sixties* enregistré durant l'été 1978 :

> Disparus Brian Jones
> Jim Morrison
> Eddy Cochran Buddy
> Holly
> Idem Jimmy Hendrix
> Otis Redding

Janis Joplin T-Rex
Elvis.

A ce panthéon de grands morts la patrie du rock reconnaissante, il ne manque que Sid Vicious. Il arrive, présenté par Yves Adrien et Alain Pacadis, princes d'un salon parisien aussi restreint que de bon ton, sorte de Junkie Club très fermé, dont les pensionnaires ne portent que des prénoms : Élisabeth, Edwige, Paquita. Ou Caroline. Caroline von Paulus. S'il explore les narcotiques de longue date par nécessité professionnelle (*Coco and Co, Teenie Weenie Boppie, Rock around the bunker*), Gainsbourg n'en est pas amateur. Au Junkie Club, le goût de l'héroïne constitue un critère essentiel mais non exclusif.

Serge Gainsbourg n'a pas eu accès au très sophistiqué Yves Adrien, mais il fait du lobbying auprès de son écuyer Pacadis. En le soutenant de son parrainage, Alain Pacadis lui obtient rapidement une place de membre à titre honorifique.

Serge Gainsbourg candidat au Junkie Club

En 1978, Serge Gainsbourg fête ses cinquante ans et il est démodé. Ou du moins il n'est plus un homme à la mode, nuance qui revient à le déclarer en mort clinique. Son press-book de la fin des années 70 est mince : quelques coupures consacrées au merveilleux couple qu'il forme depuis dix ans avec sa compagne Jane Birkin. L'espiègle image érotique se démagnétise. Le film *Je t'aime moi non plus* (1976), démarquage pourtant assez réussi des tentatives underground new-yorkaises, est un échec : cent cinquante mille entrées sur Paris. En Grande-Bretagne, le film est classé X. Serge Gainsbourg en est réduit à la réalisation de spots publicitaires : il vante les mérites des savons Lux, de la poudre Woolite, des rasoirs Gillette. Et pose pour les costumes Bayard : « Un Bayard, ça vous change un homme, n'est-ce pas monsieur Gainsbourg ? » En effet, le personnage a besoin d'un costume neuf. La quête frénétique d'une nouvelle identité, d'une mode l'autre, assure sa pérennité. Vieillir le glace : la mode est une perpétuelle résurrection. Mais son dernier album, *L'Homme à la tête de chou* (1976) a échoué, il n'est plus le chouchou. Son influence se délite.

> Je tombe sur cette chienne
> Shampouineuse
> Qui aussitôt m'aveugle par sa beauté païenne
> Et ses mains savonneuses.

« La chienne shampouineuse qui l'aveuglait de sa beauté païenne, c'était tout de même grand style », affirme Yves Adrien. Le décret tombe le 8 janvier 1992, au bar du Ritz, devant une coupe de champagne. Mais à l'époque, nul ne l'a écrit. Adrien alors est captivé par les Stooges. En mars 1975, lorsque Patrick Eudeline propose au journal *Best* une interview à la sortie de l'album *Rock around the bunker*, le rédacteur en chef, décontenancé par cette faute de goût, lui rappelle que Gainsbourg n'est qu'un vieux con. Un type qui compose des inepties estivales pour les autoradios, tel *L'Ami Caouette*. Un demeuré qui a appelé à voter Giscard. Le rédacteur en chef de *Best* concède deux pages. C'est la première fois qu'un journal rock s'intéresse au travail de Serge Gainsbourg et à l'authenticité de son personnage. A son usage, Patrick Eudeline définit un concept devenu par la suite lieu commun de la critique rock : l'attitude. Une ascèse pour échapper à la réalité. La perfection élevée à la quête de lunettes nouvelles. Un comportement au bord du suicide. Une surenchère narcissique. Un goût théâtral pour l'artifice. Patrick Eudeline titre sa chronique « Le dandy ». Son rédacteur en chef rectifie à la baisse : « Un dandy ».

Être un has-been, lorsqu'on vit pour plaire, est insupportable. Gainsbourg souffre du ridicule. Dépité, il tire sur les punks. « Ce n'est pas avec la musique " punk " que l'on va donner une image vraie de la jeune génération. Ce sont des jeux d'enfants. » Il se décrète ostensiblement à la mode d'hier, ce qui est une manière d'anticiper sur celle de demain.

L'Homme à la tête de chou est déjà un passe-droit punk. Concept-album proche du modèle proposé par Lou Reed dans *Berlin* (qu'il cite), l'héroïne est une petite junkie onaniste pupille absente iris absinthe dont l'album décline la courte biographie. Sur une musique très simple, ses textes en talk-over sont plus flamboyants que ceux de Lou Reed.

> Elle se penche et voilà ses doudounes
> Comme deux rahat-loukoums
> A la rose qui rebondissent sur ma nuque boum boum.

Opportuniste éclairé, Gainsbourg n'anticipe jamais sur la mode mais prend à point une option sur le copyright. Avec le léger délai qu'exige la circonspection. Patrick Eudeline est perspicace. Serge Gainsbourg est une version standardisée du dandy. Lorsqu'il se regarde dans un miroir, le dandy vérifie l'effet de sa pose. Il contemple un artefact. Sa récompense est d'être imité. A travers un personnage tel que Serge Gainsbourg, le show-business propose une « originalité » en prêt-à-dupliquer.

La genèse de son homologation par la new wave atteste son sens du métier.

« En 1969, on n'écoutait que lui, dit Yves Adrien. L'été où l'on marche sur la Lune, une Anglaise pur sucre se fait éventrer par ce Français russo-juif assez louche. Il chante *69 année érotique*. Dix ans plus tard, les jeunes auditeurs ont grandi et lui prouvent leur reconnaissance. »

Chez Phonogram, Serge Gainsbourg a fait la connaissance d'un jeune attaché de presse, Jacky Jakubowicz [1], dont Pacadis est un ancien camarade d'école. Le 23 février 1977, ce dernier se rend rue de Verneuil afin de l'interviewer pour le magazine *Façade*.

Alain Pacadis, personnage timide qui conserve des lunettes noires dans l'obscurité, chuchote ses répons, consomme en tenue de clochard énormément de champagne, s'arsouille à Belleville, et apostrophe en direct à la télévision, cette pré-figure gainsbourienne pénètre rue de Verneuil tel un professeur particulier de bonnes manières. Élève bien disposé, Gainsbourg apprend beaucoup de ce modèle, sorte de Jean Lorrain édulcoré. Tels les Romains s'annexant les armes des peuples qu'ils soumettent, Gainsbourg agit avec un discernement pragmatique digne de sa mère Olga.

Interview de Serge Gainsbourg dans *Façade* :

« Pacadis : Ton disque précédent, *Rock around the bunker*, était centré sur le nazisme qui est un thème qu'affectionnent les punks. Comment te situes-tu par rapport à ce trip?

Gainsbourg : Je pense que c'est assez explicite. Moi j'ai vécu cette période et j'avais une étoile de shérif cousue sur le veston. Alors ma position est nette.

Pacadis : Pourtant tu parles de tes bourreaux avec une certaine sympathie.

SG : Comment sympathie ! C'est tous des travelos...

AP : C'est ce que je voulais dire, tu les idéalises ! »

1. Devenu Jacky, acolyte de Frédérique Hochedé, présidente du club Dorothée.

Liliana Cavanni dans le film *Portier de nuit*, Visconti avec *Les Damnés*, David Bowie s'emploient à la diffusion de la mode rétro. En 1974, dans une interview à *Playboy*, Bowie déclare qu'Hitler a été l'une des premières stars du rock and roll, et rend hommage aux effets spéciaux élaborés par Goebbels et Albert Speer, notamment le Lichtturm, tour de lumière concentrant de puissants projecteurs sur un point central. « Oui, Hitler a mis en scène tout un pays », explique Bowie.

La presse convenable accorde une forte publicité au propos, en renforçant l'impact par son indignation bien-pensante. En France, dans sa livraison à *Rock & Folk* du mois de janvier 74, Yves Adrien évoque « la grâce sévère du SS claquant une portière de Daimler ».

En 1975, Serge Gainsbourg diffuse la tendance SA dans son album *Rock around the bunker*.

> Maquillez vos lèvres les gars
> Avec des rouges délicats
> Faites-vous des bouches sanglantes
> Ou noires ou bleues si ça vous tente
> On va danser le
> Nazi rock nazi
> Nazi nazi rock nazi.

D'un tabou l'autre, Gainsbourg flirte avec l'illicite. C'est sa spécialité. Il est au soufre ce que Charles Trenet est au ciel d'azur. Dans les chansons de Trenet les petites filles cueillent des prunes, dans celles de Gainsbourg elles jouent avec le zip de leur Levi's, lequel rime bien sûr avec vice.

Quelque temps plus tard, à propos de la relecture punk du nazisme, Alain Pacadis déclare à Gainsbourg : « Tu as été le seul en France à pressentir cela. » Plus que de prémonition, il s'agit de post-synchronisation. Calculateur, Serge Gainsbourg se garde bien de détromper Pacadis. Dans sa bibliothèque, l'œuvre d'Yves Adrien, jaquette contre jaquette, voisine avec celle du publicitaire Jacques Séguéla. En avril 1978, recevant *Les Nouvelles littéraires*, il annonce avec aisance : « Je crois être un précurseur du punk. »

Lola Montes concentrait toutes les femmes en une seule. Serge Gainsbourg, lui, incarne toutes les modes. « Son cerveau est une éponge qui s'imbibe de suggestions [1]. » Sans cesse elles restaurent son prestige. Chaque mode nouvelle propose une brève aventure dans un décor de saison. Gainsbourg, musicien et plus encore acteur, en orchestre la pantomime, proposant au public des modèles synthétiques. Ses chansons, frêles croquis de tendance, en rythment la marche. A chaque fois, un nouveau mode d'existence exotique est offert à la convoitise. Chanteur rive gauche avec pull à col roulé. Crooner jazzy en mocassins Berlutti. Idole yé-yé posant pour *SLC*, bottines Carvil. Hippie sur les chemins de Katmandou. Minet en jean à pattes d'éléphant. Rocker nazebroque, costume Helmut Berger. Chanteur disco, etc.

Tout est faux et artificiel, bien sûr, dans cette quête. Excepté la quête elle-même. Conquérir la dernière panoplie, se transformer en être neuf et étincelant, est un désir passionné d'échapper au vide, à sa propre abjection. A la honte de soi. Et de se rédimer. Non, la mode n'est pas drôle. Elle ne l'a jamais été. Telle une succession d'amours déchues, elle est atrocement décevante.

1. Francis Picabia, *Jésus-Christ Rastaquouère*.

Bijou, écrin rock

En 1977, les grandes compagnies de disques signent de jeunes groupes de rock. Téléphone, *Je suis parti de chez mes parents j'en avais marre de faire attention*, est en contrat chez Pathé Marconi, obtenant cent cinquante mille francs d'avance, ce qui semble royal. La maison CBS recrute des combos de hard rock comme Trust et Shakin Street. Aux disques Vogue, le vice-président, Jacques Wolfsohn, signe le groupe Stinky Toys et son album *Free from love*, Vogue LD 8564. Un choix averti : Stinky Toys fait la une du *Melody Maker*. « Le rock, c'est de la variété, déclare Wolfsohn cette année-là. Seuls des maniaques tentent de l'enfermer dans un ghetto. »

Chez Phonogram, Jacky Jakubowicz est l'attaché de presse du groupe français du moment, Bijou. « Bijou, du bon rock français de Ronnie Bird à Little Richard, en passant par Dutronc », écrit Alain Pacadis en février 1977 après un concert au Gibus. Jean-William Thoury, le parolier-producteur de Bijou, a été un des premiers rock-critiques à chroniquer Serge Gainsbourg dans le journal *Extra*. Son ami Vincent Palmer, guitariste de Bijou, en collectionne les disques. « Gainsbourg était un peu mon idole. Ce qu'il faisait était facile, rapide », se souvient-il. En 1965, téléspectateur de quatorze ans, Palmer a regardé Serge Gainsbourg chanter *Quand mon 6,35 me fait les yeux doux* dans un « Discorama » de Denise Glaser. L'érudition ORTF en noir et blanc décerne au chanteur ses premiers quartiers de noblesse.

A l'époque, Palmer classe les prestations de Gainsbourg dans la rubrique « Brassens, chanson à textes ». Seul Ronnie Bird l'intéresse parmi les musiciens français. Mais il suit la carrière de Serge

Gainsbourg, dont il se persuade peu à peu de l'originalité : « En 1966, c'était le seul Français qu'on entendait dans les boîtes. Il chantait *Docteur Jekyll et Mister Hyde, Qui est in, qui est out.* »

Jusqu'à neuf c'est OK tu es « in »
Après quoi tu es KO tu es « out »
C'est idem
Pour la boxe
Le ciné la mode et le cash box.

Donc Gainsbourg est out, et écrit la chanson *Démodé* :

J'ai des goûts démodés
j'aime tout ce qui est démodé.

Démodé comme la DS 21, les bottines à talons et les complets étriqués, rigoureusement noir et blanc en hommage à Roy Orbison, prototype de malchanceux américain et compositeur délectable que vénère Bijou, groupe d'esthètes.

En 1975, Vincent Palmer a créé le groupe avec Philippe Dauga (basse), Dynamite (batterie) et Jean-William Thoury. Des amis de Juvisy : « En banlieue, il y a ceux qui vont au lycée et ceux qui n'y vont pas, et encore ceux qui vont chercher les mecs qui sortent du lycée [1]. »

Palmer fréquentait le lycée Corot de Savigny-sur-Orge, Thoury l'attendait à la sortie des classes. Les disques sont leur commune passion. Ils ont créé un premier groupe, Mindblower, auquel succède Pura Vida 73, allusion à une réplique de Phil Spector dans *Easy Rider.*

Bijou impose une rigueur hautaine et élégante. Dans la tradition de Ronnie Bird, le groupe opte crânement pour l'identité française, paroles et panoplie.

1. Alain Waiss, *Le Monde*, 29 novembre 1979.

Ils roulent dans des automobiles de marque nationale, et non en Thunderbird. Préfèrent le costume au blue-jean. Reprennent des titres de Ronnie Bird ou des Chaussettes Noires. Leur premier album *Danse avec moi* est chanté entièrement en français. Quarante mille albums vendus. La pochette est une des premières de Jean-Baptiste Mondino. Sur celle de leur second album, *OK Carole,* apparaît un téléphone débranché. Une allusion au groupe Téléphone, qui les a dépassés sur la voie du succès. Téléphone, néo-stonien, dessert les lycéens, comme Marquis de Sade plus tard les étudiants, Starshooter les punks. Bijou plaît aux élégants nostalgiques, qu'ils soient lycéens, punks ou snobs. Quarante mille albums vendus pour *OK Carole,* 910 1178 Philips. Proustien, Bijou est rigoriste jusqu'au puritanisme.

En 1976, à l'Élysée-Montmartre, le groupe se produit en première partie de Patti Smith, reprenant des instrumentaux ou des titres anglo-saxons que Jean-William Thoury adapte en français. Durant l'été 1977, ils descendent au festival de Mont-de-Marsan : « C'était le power trio très anglais. Très rentre-dedans. Beaucoup plus finaud que Téléphone, qui puait les baskets lycéennes », se souvient un membre du groupe Bunny's Lovers. Bijou n'est pas un groupe punk. Ses musiciens sont aussi rigoureux que les punks sont spontanés, aussi nets que les autres affectent la crasse. Et trop âgés : ils ont trente ans. « C'est un groupe " sérieux ", dont toutes les autres formations punks, adeptes de la spontanéité, se moquent à cause de ce désir de " bien jouer " que des gosses de dix-sept ans ne peuvent comprendre », note Alain Pacadis dans *Un jeune homme chic.* Un groupe idéal pour assurer un relais entre le vétéran Gainsbourg et la nouvelle génération.

Lorsque Bijou reprend *Les Papillons noirs* sur son album *OK Carole,* titre obscur que Serge Gainsbourg avait créé avec Michèle Arnaud en 1967, le groupe l'invite à venir enregistrer au studio Ferber. « Je suis passé le prendre chez lui : il avait le trac, relate Jacky Jakubowicz. Travailler avec Bijou le rajeunissait. Il les appelait " mon p'tit gars ". » Il arrive au studio un pied dans le plâtre et martèle le sol de sa canne. Le résultat est impeccable.

En novembre 1978, Gainsbourg ébauche *Betty Jane Rose* pour Bijou et convoque le groupe sur son propre territoire.

Rue de Verneuil, le mur est encore immaculé. Gainsbourg ne vend pas plus de cinquante mille albums en moyenne. Sa notoriété excède de loin sa popularité. Cet été-là, il est premier au hit-parade avec *Sea sex and sun*, qui n'est pas le genre de titre avec lequel on emporte la « crédibilité rock ». Invention bécasse de critiques soucieux de défendre des sinécures, la « crédibilité rock » est un réflexe corporatiste d'apparatchiks en connivence avec l'industrie discographique. Sans ce label, Serge Gainsbourg frôle le discrédit.

Gainsbourg se met au piano et plaque les accords de *Betty Jane Rose*.

Dans les parkings
En sous-sol
sol mineur
Tout le monde veut l'aimer
La do ré
La mineure
Betty Jane Rose
Cherche sa dose
De drug majeure.

Quelques indications de mélodie, aucun arrangement. Une composition assez pauvre. « C'était rien, au début. Une ébauche. Nous avons proposé quelques arrangements car ses accords étaient monotones », relate Vincent Palmer. Serge Gainsbourg travaille toujours sur la même matrice : aux arrangeurs de broder ses chétives compositions de base.

Gainsbourg n'en reste pas là : il se mire dans les yeux charmés de ses commensaux de Juvisy, jouant à l'amateur de rock, exhibant sa collection de cassettes d'Eddy Cochran, de Gene Vincent bien rangées dans une mallette Vuitton, conçue à cet usage.

Un effort méritoire pour un homme qui par ailleurs déclare : « A mon âge, je n'écoute que du classique, Bartók, Schönberg, Berg, Scarlatti [1]. » Quel snob ! Il boit pas mal, Jet 27, Fernet-Branca, champagne. Attentif à l'image qu'il renvoie, il a demandé à Jacky Jakubowicz de lui dresser des portraits de ses interlocuteurs avant de les recevoir. Comme il le fait avec la presse. « En promo, c'était un maître, il savait mettre les gens dans sa poche », dit Jean-William Thoury. Avant une rencontre avec un journaliste, Jacky lui communique le nom du reporter, sa biographie, le ton de ses derniers articles. Serge Gainsbourg prépare à l'avance une liste de questions. Et en face, des réponses qu'il teste sur ses collaborateurs, y semant aphorismes et citations littéraires extraits de sa bibliothèque.

Parfois il demande à relire le texte avant parution. Il choisit les photos. Négocier avec les médias est un métier qu'il connaît bien. Une pichenette et ses interlocuteurs lévitent. Il les fait boire. Ils rentrent sur les genoux. Tout journaliste qui a rencontré Gainsbourg conserve le souvenir d'un moment unique. Certains enjolivent. Interrogé, l'un d'entre eux raconte ceci : « Un jour, je rentre chez moi. Il y a un studio de répétition dans la maison. Je vois une Rolls blanche garée. Un chauffeur en gants blancs pénètre chez moi avec du champagne et le porte à Serge Gainsbourg qui se lave les mains dans ma cuisine. » Il a fabriqué de toutes pièces une fable à pail-

1. *Les Nouvelles littéraires*, 21 avril 1978.

lettes. Gainsbourg se trouvait bien dans cette maison en répétition avec des musiciens, mais sans Rolls ni champagne ni chauffeur en gants blancs.

Serge Gainsbourg assiste au mixage de *Betty Jane Rose* et trouve le résultat épatant. Il est venu par curiosité, voir ce que Bijou va extraire de sa chanson. C'est la première fois qu'un groupe de rock s'intéresse à lui. Il est flatté.

Un daddy adoptif (ça mord à l'épingle à nourrice)

Pour la promotion de l'album de Bijou, Phonogram organise une opération à Épernay à la fin de l'année 1978. Un autocar de rock-critiques appareille pour la capitale du champagne. Gainsbourg souhaite interpréter deux chansons sur scène : *Les Papillons noirs* et *Des vents des pets des poums*. Prouts ou travelos SA, le choix flatte le goût des mineurs, portés sur la transgression.

Départ pour Épernay dans la DS à injection électronique, intérieur cuir, de Philippe Dauga, voiture ministérielle révolutionnaire, devenue véhicule de loubard raffiné.

Serge Gainsbourg n'a pas fait de scène depuis février 1965, en première partie de Barbara. Il devait participer à dix concerts mais renonça à mi-parcours, conspué par le public.

Dans sa loge de la salle des fêtes d'Épernay, il anesthésie son trac au champagne. Il se retire derrière des lunettes noires, trophée promotionnel d'*OK Carole*, new-wavisant sa tenue de scène avec un ornement d'héroïnomane. Un usage qu'il tient d'Alain Pacadis. Ce dernier en porte toujours, référence à Lou Reed époque Velvet et à Andy Warhol. Le bouclier des grands complexés.

Lorsque Gainsbourg entre en scène à la fin du

concert de Bijou, une longue salve d'applaudissements l'accueille. La première ovation de sa carrière, à cinquante ans. « Quand il s'est accroché au micro, les kids sont devenus fous, ils n'en pouvaient plus. Pendant une heure, après ça, il est resté comme hébété à répéter : " Je l'crois pas, je l'crois pas... " » Il vole le show à Bijou.

Une euphorie lustrale lui est révélée : il est en sympathie avec la jeune génération. « Ça a recommencé à Lyon, relate Jacky Jakubowicz. Il y a eu quelque chose de rare, de magique. Un échange fluide avec le public. C'est la période que j'ai préférée. »

Le 11 décembre 1978, au théâtre Mogador, Serge Gainsbourg partage à nouveau la scène avec Bijou. « Le succès était incroyable. Tout le monde aurait aimé l'avoir comme père. Un croulant qui parle le langage des jeunes... », note Vincent Palmer.

Ce qui n'empêche pas Gainsbourg d'œuvrer aussi pour les adultes : au début de l'année 1979 il enregistre une chanson publicitaire avec Jane Birkin vantant l'eau de lavande *Pour un homme*, de Caron.

Le 9 juin 1979, la crédibilité rock est acquise. Gainsbourg participe à l'opération « Frenchrockmania » montée par la maison Philips. Six groupes français au Palais des Sports, dont Dogs, Go-Go Pigalles et Bijou. Toutefois *Rock & Folk* diffuse la photo de Palmer mais pas encore la sienne.

Serge Gainsbourg invente le punk

En mars 1979 à Paris, Sid Vicious enregistre *My Way*, parodie grasseyante de guitares brutales et saturées, et tourne la vidéo au théâtre de l'Empire, dans un décor qui avait été conçu pour Serge Gainsbourg.

Le 11 octobre, abruti par un excès de substances benzodiazépines, il assassine sa fiancée Nancy Spungeon dans une chambre du Chelsea Hotel, à New York.

« La bande-son fournie par Sid Vicious donnait à ce chapitre de *Novovision* la touche lugubre qui convient... *My Way*... La chambre 100 du Chelsea était louée pour un an (douze mois), mais hormis cela tout le monde avait oublié le jeune Anglais à la personnalité combustible... Il était mort depuis cinq semaines et cinq semaines, à New York, c'est long », écrit Yves Adrien.

Tout le monde n'a pas oublié. Certes, la disparition misérable de Nancy Spungeon marque la dernière limite du nihilisme punk. Mais Vivienne Westwood édite un tee-shirt célébrant l'événement et Serge Gainsbourg place la photographie de Sid Vicious sur son Steinway.

Un mois plus tard sort l'album *Aux armes et cætera*. La reprise reggae de *La Marseillaise* lui a été suggérée par le *God Save the Queen* grinçant des Sex Pistols.

Au dos de la pochette, un texte signé de Serge Gainsbourg cite opportunément Sid Vicious :

« Vinrent les punks qui m'étonnèrent un temps, Sid Vicious le seul à mes yeux parce que dangereusement logique et suicidaire, j'avais vu hélas juste, tête brûlée d'un mouvement qui m'aurait d'ailleurs subjugué si je ne l'avais été quelque trente ans auparavant par Dada, Breton et *La Nausée* de Sartre. »

Dernière étape de la consécration rock, en janvier 1980, Serge Gainsbourg fait la une de *Rock & Folk* n° 156, 7 francs, vêtu d'un smoking, dans une pose de fêtard [1]. Le même mois, *Best* n° 138 le propose en chemise de scout et pas rasé à un prix identique. Le compositeur de Petula Clark et de Régine quitte les

1. Le couple Birkin-Gainsbourg avait déjà fait la une de *Rock & Folk* en septembre 1969, mais dans un cadre plus « société ».

bacs « variétés françaises » pour le rayon « rock ». Rhapsodie pour une part de marché.

Six mois plus tard, l'album *Aux armes et cætera* obtient un disque de platine. C'est le premier triomphe commercial de Serge Gainsbourg pour un disque 33-tours.

A cette date, le télépathe Yves Adrien a déjà mis en orbite deux nouvelles tendances, l'afterpunk puis le novo. Adrien ne révère que les astéroïdes qui se consument en entrant dans l'atmosphère. « Eux cherchaient le succès à plein temps, défendaient leur personnage, s'affichaient, posaient », écrit Yves Adrien dans *Novovision*.

Sa chronique s'appelle désormais « Afterdark » et son héros se donne la discipline dans un stage d'informatique. « Clean », comme dit le lexique punk, il ne s'autorise qu'une cigarette par mois et écoute Kraftwerk.

Le 22 décembre 1986, à quinze heures trente, Serge Gainsbourg attend le début de la cérémonie funèbre d'Alain Pacadis dans une Mercedes noire stationnée devant le crématorium du Père-Lachaise. Le ministre de la Culture, Jack Lang, s'est déplacé. Serge Gainsbourg n'assiste jamais aux enterrements. Depuis celui de sa mère, il n'a pas pénétré dans un cimetière. Alain Pacadis l'a touché. Lorsqu'il vint l'interroger la première fois pour *Libération*, il égara ses notes et revint le lendemain sonner rue de Verneuil.

Dans sa bibliothèque, Serge Gainsbourg a rangé le livre de Pacadis, *Un jeune homme chic*, à côté d'*Opium*, le recueil de Cocteau. L'exemplaire est dédicacé à l'encre rouge, « Pour Serge Gainsbourg et Jane », orné du dessin d'une épingle à nourrice.

Vincent Palmer est venu au Père-Lachaise. Il n'a pas osé s'adresser à Serge Gainsbourg. Celui-ci était devenu Gainsbarre.

10.

LA BIBLIOTHÈQUE

La bibliothèque de Serge Gainsbourg est la pièce la plus agréable de la maison. Une fenêtre, découpée dans la toiture, ouvre sur des branches déployées en algues, celles d'un arbre dont le tronc est invisible. Des strates de livres crayeux alignés sur les rayonnages semble émancr un message. On sonde les piles. Ces livres lui ont parlé. A présent ils parlent de lui.

Dans le bureau, Serge Gainsbourg travaille sur le vieux fauteuil à oreillettes en cuir bronze, acheté autrefois à Andrée Higgins et qui lui porte bonheur. Une machine à écrire IBM 6750 électrique est posée sur sa table anglaise à dessus de cuir rouge, pliable. A main gauche s'entassent les paperasses : télégrammes de Jack Lang, lettres enfantines de sa compagne Bambou, carnet de vaccination du chien, dessins de son fils Lulu dans leur dossier d'école maternelle, recharges d'agendas Hermès. Les deuxième, troisième, quatrième trimestres de l'année 1991 sont vierges.

En 1980, Serge Gainsbourg publie *Evguenie Sokolov,* exercice stylistique laborieux d'un potache découvrant Dada. L'ouvrage est le produit d'un contrat avec un éditeur. Serge Gainsbourg convoite la chose : un livre édité dans la plus prestigieuse des collections, la NRF de Gallimard. André Gide, Jean Paulhan, André Suarès, Jules Renard, Paul Morand, François Mauriac... L'esprit français a soufflé, naguère, sur le 5, rue Sébastien-Bottin. Tout jeune bourgeois des lettres rêve de sa couverture.

La maison habille *Evguenie* de la célèbre livrée blanche à liséré rouge et noir. Typographie impeccable. Serge Gainsbourg, enfant de la classe moyenne, en est aussi fier que de sa mallette Vuitton ou de son diamant Cartier.

Rue de Verneuil, dans le bureau, les livres l'enveloppent sur trois côtés, rassurants et protecteurs, maison dans la maison. Sa redoute de papier cannelé a été bâtie volume par volume, au fil des années.

Certains ne sont qu'ornements chromatiques, comme le beau livre Skira sur la peinture américaine de la période coloniale à nos jours, dont la jaquette à rayure bayadère colore gaiement le rayonnage.

L'exemplaire d'*A rebours*, en collection blanche, a été souvent manipulé. Ses pages ont l'aspect gonflé d'un livre lu. Joris-Karl Huysmans a été son conseiller spécial dès le lycée Condorcet. C'est l'auteur qui a le plus inspiré Serge Gainsbourg. Au cimetière du Montparnasse, il repose à deux dalles de la tombe de l'écrivain, à côté de l'allée... Lenoir. Huysmans influence tous les esthètes rock, à travers le personnage de Jean Floreas Des Esseintes. *A rebours* est un petit chef-d'œuvre précieux et atroce, inspiré de la vie de Robert de Montesquiou, déliquescente sainte Blandine du narcissisme.

Le duc, retiré dans son pavillon de Fontenay-aux-Roses par dégoût de la société et de la nature – « La nature, dit-il, a fait son temps ; elle a définitivement lassé, par la dégoûtante uniformité de ses paysages et de ses ciels, l'attentive patience des raffinés » –, est un précurseur de l'attitude rock. Il se prescrit une conduite et s'y tient : l'artifice est son éthique. Le vertige lui tient lieu d'émotion, l'excitation de sentiments. *Anywhere out of the world.* De goût tarabiscoté, il est propriétaire d'une tortue sertie de diamants. Et l'amant d'une acrobate musculeuse et ventriloque qui, pour titiller sa libido défaillante, imite le cri du maquereau derrière la porte. C'est le destin crépusculaire à l'extrême d'un homme prisonnier du dandysme, qu'il confond avec une sorte d'aristocratie. Cobaye bourgeois, le dandy, qui bâtit sa vie comme une œuvre, spécule sur sa proche chair jusqu'à l'étouffement. Aussi est-il toujours triste.

Rue de Verneuil, la maison est imprégnée de réminiscences littéraires. La pharmacie anglaise de marine, avec sa fiole d'opium, évoque l'orgue à parfums du duc Des Esseintes et le lavement ancien est peut-être un souvenir de cet usage « à rebours » qu'en fait le dandy. Les bibliothèques de laque noire dessinées par Mme Higgins (en ébène chez Huysmans), les lutrins et le mobilier gothique, le fauteuil de bureau à oreillettes constituent des citations presque littérales, une sorte de *sampling* décoratif du pavillon de Fontenay-aux-Roses.

Gainsbourg possède également le *Là-bas* du même auteur, inspiré de la vie de Gilles de Rais. Au regard de l'égorgeur de petits enfants, Charles Manson et les serial killers américains ne sont que de pâles disciples. Gilles de Rais, qui a été l'ami de Jeanne d'Arc, a oscillé entre le Vice et la Vertu avant d'opter pour le premier, où il a excellé. Barbe-Bleue horrifiant et shakespearien, il collectionnait meubles, bijoux et victimes. Huysmans lui imagine de sublimes funérailles de compassion, le peuple du Moyen Age en larmes s'associant à son martyre.

Jacques Wolfsohn s'étonne qu'on s'intéresse à la bibliothèque : il n'a jamais vu Gainsbourg avec un livre. Tant mieux. Si Gainsbourg a peu lu, ce qu'il a lu et cité toute sa vie dans les interviews ne doit rien au hasard. A trente ans, il a constitué la librairie qui l'accompagne jusqu'à la fin. La pochette promotionnelle de son premier album 25 cm, *Du Chant à la Une*, indique ses choix. On lui demande ce qu'il emporterait sur une île déserte. Il cite sept œuvres : les contes de Grimm et de Perrault, *Don Quichotte*, les *Contes fantastiques* d'Edgar Poe, les poésies de Catulle, *Adolphe* et *Une vieille maîtresse*, de Barbey d'Aurevilly. Le goût de Gainsbourg est précis : il affectionne le bijou littéraire, le joyau précieux et noir, l'œuvre brève étincelante d'angoisse, de cruauté et de solitude pessimiste.

Son premier livre, un recueil illustré des *Contes* des frères Grimm, offert autrefois par sa sœur Jacqueline, figure rue de Verneuil dans un exemplaire de la collection Folio.

Dix ans plus tard, lors de sa fameuse première nuit avec Élisabeth Levitsky, qu'il honore sept fois, il n'est pas étonnant qu'il s'exclame : « Sept d'un coup ! Comme le petit tailleur. » *Le Vaillant Petit Tailleur* des frères Grimm est un gringalet au cœur pur, habile et courageux, qui terrasse sanglier, licorne, géants, avant de conquérir la fille du roi. Élisabeth a été sa première princesse. Serge Gainsbourg a beaucoup aimé ces nobles créatures, il en a épousé une, sans compter toutes les citrouilles qu'il a transformées en ravissantes.

Andersen, Plancy, Nodier, Hoffmann, Dickens : les contes noirs occupent une grande place dans la bibliothèque d'un homme fidèle à son enfance. Il en a conservé le goût du merveilleux et de la férocité mêlés.

L'influence de son père Joseph est très nette : la littérature du XIXe siècle constitue le fonds de Serge Gainsbourg. Baudelaire, Edgar Allan Poe, Musset,

Flaubert, Mallarmé (en Pléiade rue de Verneuil). Chaque jour, Joseph donne à ses enfants une leçon de littérature. Affaire sérieuse. Leur bande dessinée favorite, *Robinson*, est une gourmandise clandestine. Le soir, Joseph fait la lecture. Il déclame la *Nuit d'Octobre* de Musset. Ou, de Mallarmé, *L'Après-Midi d'un faune*, à cause des ballets russes. Sur l'album *You're under arrest*, Gainsbourg se souvient d'*Une négresse par le démon secoué* :

> Et, dans ses jambes où la victime se couche,
> Levant une peau noire ouverte sous le crin
> Avance le palais de cette étrange bouche
> Pâle et rose comme un coquillage marin.

Jacqueline, séduite par les leçons paternelles, s'inscrit en licence de lettres à la Sorbonne. C'est elle qui, étudiant Stendhal, donne à son frère *Le Rouge et le Noir*. On ne trouve pas, rue de Verneuil, d'exemplaire de cet ouvrage dont Serge Gainsbourg apprécia surtout, d'après Jacqueline, la fin tragique. Cependant, lorsqu'il change de nom, Lucien Ginzburg hésite entre Serge et Julien à cause de Julien Sorel. De Lucien Leuwen, autre héros de Stendhal qui l'eût peut-être incité à conserver son prénom, Ginzburg ignore l'existence.

Jacqueline lui a également conseillé la lecture d'*Adolphe*, de Benjamin Constant. Adolphe, inapte à l'amour, est son génie tutélaire, sa mascotte. Gainsbourg est trop occupé de lui-même pour s'intéresser à autre chose qu'à des personnages dont il se sent proche. Il est séduit par cet Adolphe timide et sarcastique, trop lucide pour aimer. L'esprit d'Adolphe est une cellule d'isolement allumée vingt-quatre heures sur vingt-quatre. « Nous vécûmes ainsi quatre mois dans des rapports forcés, quelquefois doux, jamais complètement libres, y rencontrant encore du plaisir, mais n'y trouvant plus de charme. »

Adolphe est victime d'un leurre : la lucidité aveugle son intelligence, dessèche et flétrit son humanité. L'aridité stylistique d'Adolphe, chef-d'œuvre de désenchantement, est à l'image de ce cœur recuit.

Serge Gainsbourg en lit de longs extraits dans le film *Charlotte for ever*. Les œuvres complètes de Benjamin Constant figurent en Pléiade dans la bibliothèque de la rue de Verneuil, ainsi qu'un exemplaire neuf en Folio. Preuve que ce bréviaire le hantait encore. A qui le destinait-il ?

« *Adolphe*, cet horrible chef-d'œuvre d'analyse et de style glacé, mais qui résume presque dans sa froideur le XIXe siècle et sa décrépitude de cœur », écrit Jules Barbey d'Aurevilly dans la préface de 1858. Barbey d'Aurevilly a lancé un défi littéraire à la froideur sentimentale dépeinte par Benjamin Constant, il a écrit *Une vieille maîtresse*, œuvre brutale et raffinée, d'un style aussi incandescent que celui de Constant est lyophilisé. C'est un livre consolateur qu'apprécie Gainsbourg : l'amour y est vainqueur.

« Vous lisez ? lui demande le journal *Elle* en 1978.

– Plus beaucoup. Je relis surtout. Les contes : Grimm, Perrault, Poe. Je relis *Adolphe* de Benjamin Constant, je l'ai lu à haute voix à Jane, je lui ai mis les larmes aux yeux. »

Partager sa dilection pour *Adolphe* avec un amour expirant est une vacherie raffinée, un exquis exercice de flagellation. « C'est un affreux malheur de n'être pas aimé quand on aime ; mais c'en est un bien grand d'être aimé avec passion quand on n'aime plus », dit Adolphe.

Ensuite, Serge Gainsbourg n'enrichit plus sa librairie. Quelques manuels médicaux, qu'il utilise au moment de rédiger *Evguénie Sokolov*. « Je l'ai rarement vu lire, dit sa seconde femme, Françoise Pancrazzi. Il vivait : lorsqu'on vit, on ne lit pas. »

Dans son ultime entretien télévisé, Gainsbourgcite de mémoire la fin de *Lolita*, de Nabokov. « Ma voiture épuisée est en piteux état. La dernière étape est la plus dure. Dans l'herbe d'un fossé je mourrai, Lolita. Et tout le reste est littérature. »

Serge Gainsbourg n'est pas un érudit, ni même un simple amateur de livres. Dans ces quelques ouvrages, il a cherché des personnages qui lui ressemblaient. Sur les étagères noires, c'est tout un aréopage d'anges funestes qui s'avance et dont Gilles de Rais est le maître sublime.

Robinson Crusoé, Adolphe, Jean Des Esseintes, Humbert Humbert, un club de misanthropcs et d'égocentriques, cousins en exil aux îles de la Désolation, accomplissant une peine de relégation perpétuelle.

11.

ATTRACTION SENSATIONNELLE DES ANNÉES 80

> « Que de fois m'a-t-on dit : " Mais il n'y a rien dans vos chansons quand on les lit. " Ce n'est pas juste. Il y avait tout ce que j'y trouvais, mon art était de savoir les lire. »
>
> Yvette Guilbert.

Gainsbarre, chanteuse réaliste

Gainsbarre est né des noces morganatiques de Fréhel avec l'écrivain Charles Bukowski.

Le 27 décembre 1980, effectuant la promotion du film de Claude Berri *Je vous aime* dans l'émission « Stars 80 » de Michel Drucker, Serge Gainsbourg trébuche sur le plateau et harcèle sexuellement Catherine Deneuve en direct. Il se présente pour la première fois en alcoolique de composition. Mêler l'alcool et les drames domestiques est le registre des chanteuses réalistes. Un chanteur est un acteur qui interprète un personnage de chanteur. Gainsbourg lui donne un nom, Gainsbarre. D'où provient-il? Est-ce le « Guimbard » resurgi des faux papiers de l'occupation allemande? L'éditeur Alain Coelho assimile Gainsbarre à Sarah Bernhardt, Sarah Gainsbarre. Qui rime avec Nanar, héros des comptoirs.

Sans son Anglaise, Serge Gainsbourg vire franchouillard. Délabrement pomponné, il lègue son corps au show-business, qui le voue à l'infamie. Seuls ses excès fascinent. L'intérêt se déplace sur son mélodrame. Gainsbourg définit avec précision la nomenclature du rôle de Gainsbarre en 1981 dans *Mauvaises nouvelles des étoiles,* deuxième album reggae :

Et ouais c'est moi Gainsbarre
On me trouve au hasard
Des night-clubs et des bars
Américains c'est bonnard
Ecce homo ecce homo
On reconnaît Gainsbarre
A ses jeans à sa bar-
Be de trois nuits ses cigares
Et ses coups de cafard...

Déclinée en version 80, c'est toute la diététique de Fréhel dans *Le Cafard,* qu'elle interprétait de sa voix sourde et canaille :

Non je suis pas saoule
Malgré que je roule
Dans toutes les boîtes de nuit
Cherchant l'ivresse
Pour que ma tristesse sombre à jamais dans le bruit
Je hais le plaisir qui m'use
Et quand on croit que je m'amuse
J'ai des pleurs plein le cœur
J'ai l'cafard, j'ai l'cafard
Je le sens qui me perce comme un poignard
La cervelle de part en part. Je m'débats dans l'brouillard
J'ai beau faire je suis prise
Et bien prise au traquenard du cauchemar
J'ai le cafard
Dans ma névrose
J'ai pris des tas de choses
Éther, morphine et coco.

A la veille de la guerre, le petit Lucien a rencontré la chanteuse dans la rue, un jour qu'il arborait la croix d'honneur obtenue à l'école :

« Elle ressemblait à un tas immonde, dans son peignoir, un pékinois sous chaque aisselle et le gigolo de service à distance réglementaire, cinq pas derrière. Elle vient vers moi, voit ma croix d'honneur : " Toi tu es un bon p'tit gars, tu as été sage à l'école, viens avec moi. " Elle m'emmène dans un bistrot qui existe toujours, au coin de la rue Henner, et je revois parfaitement la scène : elle s'est pris un ballon de rouge et j'ai reçu un diabolo grenadine et une tartelette aux fraises [1]. »

Serge Gainsbourg a toujours respecté ce type de chanteuse. Elles sont les vedettes de son enfance, les Madonna des années 30. Il a écrit pour Régine et Zizi Jeanmaire des chansons sur mesure dans le même registre.

Après ses déboires conjugaux, le passé de Serge Gainsbourg lui permet *d'habiller ses chansons d'un volume humain considérable*, comme on l'a écrit d'Édith Piaf. Son désastre à grand spectacle le rapproche de la pathétique chanteuse, à qui il rend un hommage funk. Lui qui évite les reprises, sinon de lui-même, a interprété sa chanson fétiche, *Mon légionnaire*.

Serge Gainsbourg connaît bien le répertoire de ces femmes, Damia, Yvonne George. Comme le montre *L'Aquaboniste*, inspiré directement d'Yvette Guilbert et de Maurice Donnay, à qui il barbote le néologisme. Écrites par Donnay, les paroles d'*Adolphe ou le jeune homme triste* sont très proches de celles de Serge Gainsbourg :

Il était laid et maigrelet
Ayant sucé le maigre lait

1. Gilles Verlant, *op. cit.*

D'une nourrice pessimiste
Et c'était un nourrisson triste
... Mais pour être un aquaboniste
Hélas! Il n'en fut pas moins triste
Et quelque chose qu'il tentât
Dans l'Art, dans l'Amour, dans l'État
Il était quelque chose en iste
De triste, triste, triste...

Durant les dix derniers jours de décembre 1979, Serge Gainsbourg passe au Palace, rue du Faubourg-Montmartre. L'atmosphère évoque l'ultime récital d'Yvonne George, droguée puis désintoxiquée. Cocteau avait organisé ce spectacle au Grand Écart, une boîte de nuit de Montmartre. Le décor était funèbre : « les murs étaient tendus de noir, que les reflets mouillaient comme des cirés ». Le Tout-Paris mondain vint entendre la voix brûlée et assister au spectacle de sa douleur.

Serge Gainsbourg est entouré de Sly Dunbar (batterie), Robbie Shakespeare (basse), Michael Chung (guitare), Ansel Collins (claviers), Geoffrey Chung (mixage), les musiciens jamaïcains qui profitent de l'occasion pour promouvoir leur propre album. Un grand événement : muni d'un microcassette Sony M 201 à deux vitesses, Alain Pacadis réalise une interview pour une double page de *Libération*. Le 23 décembre, Gainsbourg chante devant un parterre de snobs, de jeunes et de publicitaires : Karl Lagerfeld, Rudolf Noureïev, Aragon, Roland Barthes, Françoise Hardy sont venus *frissonner le soir de la première*. Louis Aragon s'ennuie. « Le plus drôle dans cette histoire, c'est que personne ne danse. Enfin, ils bougent les bras mais pour ce qui est des pieds... » Aragon est consterné. « Vraiment, il ne se passe rien. D'ailleurs, vous allez voir, il ne se passera rien de tout le spectacle. »

Tout le monde ne partage pas son analyse : « L'acoustique est encore plus mauvaise qu'à l'Olympia, ce qui n'est pas peu dire, relate l'envoyée spéciale du *Matin de Paris*. On ne comprend rien, mais on s'en fout. »

Démontrant la variété de ses inspirations, le 4 janvier, Serge Gainsbourg chante à Strasbourg, en pleine reconstitution historique « Boris Vian chantant *Le Déserteur* devant les anciens combattants ». Strasbourg est la ville où Rouget de Lisle a composé *La Marseillaise*. Dans le hall Rhenus de la foire-exposition, pavillon glacial planté au milieu d'un désert, deux cents bérets rouges de l'Union nationale des parachutistes, section de Hagueneau (Bas-Rhin), quelques représentants du GUD et presque autant de journalistes sont présents. Les paras protestent contre son interprétation... yé-yé de *La Marseillaise*. Ils ont à peine le temps d'écouler leur stock de tracts tricolores, « Français, faites respecter notre hymne national », que Serge Gainsbourg a déjà annulé ses fla-flas. Les musiciens jamaïcains, peu férus de folklore français, flanchent et s'accrochent flegmatiques à leur fourgonnette Pullman. Parant tout seul au fiasco, Gainsbourg fignole le chant de guerre de l'Armée du Rhin dans la version *Roots*, ficelant sa prestation d'un bras d'honneur flageolant. Il possède la grâce fragile de l'escrimeur maniant son fleuret avec une triomphante faiblesse. « Il est formidable », renifle Jane Birkin, en larmes, qui l'a accompagné dans cette fumisterie.

Le rich'homme de peine de Gainsbarre

En 1975, Phonogram lui cède à plein temps un chef de produit, Philippe Lerichomme. Salarié de la maison, celui-ci se crédite d'abord comme réalisateur sur les disques de Jane Birkin (*Lolita go home*, une production Fontana réalisée par Philippe Lerichomme) puis de Gainsbourg (musique du film

Madame Claude, Aux armes et cætera, enregistrement public au Palace, *Ex-fan des sixties*). Leur première œuvre commune, c'est *L'Ami Caouette,* mièvre biguine, qui vaut son pesant de caca-ouettes.

Qu'est-ce qu'un réalisateur? Un métier du disque qui se définit ici par la négative : Lerichomme n'est ni l'artiste, ni le musicien, ni le compositeur, ni l'arrangeur, ni le financier.

Sous sa magistrature, Gainsbourg ne chante plus, il parle. Il ne compose plus, il décline les couleurs musicales en vogue. Il renonce à collaborer avec les compositeurs qui ont arrangé ses albums précédents. Ou ceux-ci renoncent à lui. Ces alchimies brillantes qui solidifiaient autour de sa personne les virtuoses du moment appartiennent au passé.

A l'origine, Philippe Lerichomme a besogné avec Paul Mauriat. Humble, il ne surévalue pas son importance. « J'ai passé quinze ans dans l'ombre de Serge. J'ai bien l'intention d'y rester », tel est son slogan. A force de vivre dans l'ombre, Philippe Lerichomme a acquis un teint transparent de délégué Force ouvrière. Cheveux gris mais de coupe jeune, polo neutre et jean noir, il a l'allure des androïdes de son milieu professionnel. Il n'a jamais travaillé avec d'autre artiste que Serge Gainsbourg ou ses girls, sinon sur un album live de Julien Clerc qui ne nécessite par définition aucune production. Et quelques trucs de Louis Chedid.

Plus proche du secrétaire que de Phil Spector ou de Georges Martin, ses tâches sont modestes : il réserve requins de studio, chambres d'hôtel, cartouches de Gitanes, organise les séances, archive les bandes, surveille les masters et les cartouches de Gitanes, s'assure que les musiciens ont été payés, accompagne Gainsbourg qui n'a pas de permis de conduire sur les plateaux télé, avec des cartouches de Gitanes. Administre, en un mot, une vedette de plus en plus malade et alcoolique.

Philippe Lerichomme a réglé les obsèques au mont Valérien, organisé la tournée de deuil d'une des veuves, produit le coffret Birkin.

Musicalement, Serge Gainsbourg, qui sait exactement ce qu'il souhaite, lui donne ses directives. Au fil des ans, Lerichomme devient sa doublure ancillaire, son ordinateur de poche : il traduit ses choix. Ainsi en studio, l'ingénieur du son Dominique Blanc-Francart dialogue avec Philippe Lerichomme et nul autre. Serge Gainsbourg, lui, fuit les laborieuses séances de mixage, baguenaudant avec les CRS du quartier tandis que Lerichomme veille sur le travail. Rien n'est plus laid, plus barbant qu'un studio d'enregistrement. De la technique souvent en panne, de la laine de verre, un canapé crasseux et des magazines obsolètes comme chez le dentiste. Philippe Lerichomme possède des oreilles de souris, mais il s'en sert. Après les séances d'enregistrement, sa paire d'haliotides lui permet de trier parmi les multiples prises de son. « Il sait choisir la bonne », résume Serge Gainsbourg à Jacques Wolfsohn, qui l'interroge sur la fonction du factotum.

Philippe Lerichomme n'est pas narcissique. Son humilité sied à Serge Gainsbourg. Il lui décerne publiquement le titre de « réalisateur », ordre du mérite qu'il n'a jamais concédé aux compositeurs ou aux chefs d'orchestre qui l'ont obligé. « Philippe Lerichomme est un garçon d'une remarquable efficacité. Dans les turbulences de ma carrière, je n'ai jamais vu ça : moi je n'appelle pas ça un directeur artistique mais un réalisateur. » Serge Gainsbourg, qui s'imagine l'exploiter, récompense généreusement ses services, signant des chèques importants et lui offrant une Mercedes. En 1991, avant de mourir, il lui permet de s'exprimer artistiquement sur le remixage de *Requiem pour un con* [1].

1. Geste qui rappelle une chanson écrite par Gainsbourg en 1967 pour un artiste médiocre, Dominique Walter : *Plus dur sera le chut.*

L'œuvre de Gainsbarre

White and Black Blues, chanson de Joëlle Ursull enregistrée pour le Grand Prix de l'Eurovision 1990 à Zagreb, Yougoslavie, constitue la quintessence de l'ère Gainsbarre. C'est le « maux » de la fin.

Sur l'album *Aux armes et cætera,* le choix des musiciens jamaïcains est une option mercenaire puisque son propre label, Phonogram, distribue le catalogue Island. Enregistré en cinq jours avec les musiciens de Peter Tosh et les choristes de Bob Marley, l'album est dans l'air du temps.

Dans *Best,* Serge Gainsbourg subit un examen de passage sous forme de test aveugle : le journaliste lui demande d'écouter des extraits d'album dont il doit retrouver la référence. Certains sont des titres prélevés sur l'album des musiciens antillais : il ne les identifie même pas.

En revanche, l'apport jamaïcain sur celui de Gainsbourg se discerne. L'intro de *Vieille canaille* dont les paroles sont une reprise de *You rascal you,* chanté par Louis Prima en 1931, est piquée sur un hit de Bob Marley.

Sur *Aux armes et cætera,* Serge Gainsbourg n'enrichit plus son répertoire, il rentabilise son catalogue. Il se contente de balader les paroles d'anciennes chansons sur les rythmiques de Sly and Robbie. Pour *La Marseillaise* et *Javanaise remake,* les Jamaïcains ont improvisé leurs rythmiques habituelles et Gainsbourg colle sa voix à leur musique tel un champion de karaoké. Entre *Javanaise remake* et *Marilou Reggae dub,* il pratique l'autocitation : ce sont des reprises, la seconde d'un titre de *L'Homme à la tête de chou.*

Sur *Lola Rastaquouère* il décalque, comme d'habitude, le couplet d'*Initials B.B., sol, fa,* tout le long du morceau. Résultat agréable et feignasse. *Daisy Temple* repose sur le même principe.

La photo de la pochette a été prise en mars 1978 en Égypte, où Jane Birkin tournait *Mort sur le Nil*. Elle montre un Gainsbourg seul, flottant sur un large fond désertique. A distance, elle paraît prophétique.

Le fric de Gainsbarre

« Le fric. Le fric qui ruisselle de partout... »
François Mitterrand.

Gainspart de marché est riche. En 1988, Serge Gainsbourg a signé au fisc un chèque de 7 918 975 francs : la construction d'un collège. Lorsqu'une de ses chansons passe à la radio en sa présence, il ne manque pas de signaler combien il « touche ».

Gainsbourg est demeuré fidèle à Philips tout au long de sa carrière. Chez Artmédia, Bertrand de Labbey renégocie son contrat avec la maison. Il fait aligner les royalties de ses anciens albums sur les taux des derniers. Elles triplent.

Serge Gainsbourg a créé sa propre société d'éditions musicales, Melody Nelson, dont Jane Birkin possède vingt pour cent des parts. Propriétaire d'œuvres musicales, elle exploite une partie du catalogue Gainsbourg. La SARL est gérée par VMA, Voyez Mon Agent, filiale d'Artmédia.

Qu'a-t-il fait de sa fortune? La maisonnette de la rue de Verneuil, des lingots et des actions, ni datcha ni automobile. Quelques bijoux. Il a flambé. Comme le montre cette facture du restaurant Lasserre où il a dîné au soir de ses soixante ans en tête à tête avec Bambou.

LASSERRE

RESTAURANT

17, Avᵉ FRANKLIN-ROOSEVELT

75008 PARIS

(1) 43 59 53 43 - (1) 43 59 67 45

R.C. PARIS B 552 097 420

TABLE : 42

Le : 02/04/88

FOIES D'OIE ET CANARD	880
AVOCAT ST-GERMAIN	420
SAUMON FRAIS	180
LE RAGOUT 74	360
HOMARD BRETON B.DE CORAIL	2760
TRUFFE FEUILLETAGE	2250
MIGNON DE VEAU,PAPILLOTE	185
TURBOT POCHÉ	260
FROMAGE(S)	630
TIMBALE FRAISES DES BOIS	1045
CAFE THE INFUSION	385
PETRUS 1959	28000
EVIAN	80
YQUEM 1967	10400
LIQUEUR(S)	2450
Bar.	~~840~~
RESTAURANT	50285
CIGARES	0
CASSEROLES ET DIVERS	0
TOTAL (SERVICE 15 % COMPRIS / SERVICE 15 % INCLUDED)	50285

Lorsqu'il meurt, quatorze millions de francs se trouvent sur son compte en banque. Actions, lingots. Impôts en cours et droits de succession les épongent immédiatement.

La diététique de Gainsbarre

« If alcohol is queen, then tobacco is her consort. It's a fond companion for all occasions, a loyal friend through fair weather and foul. People smoke to celebrate a happy moment, or to hide a bitter regret. Whether you're alone or with friends, it's a joy for all the senses. I love to touch the pack in my pocket, open it, savour the feel of the cigarette between my fingers, the paper on my lips, the taste of tobacco on my tongue. I love to watch the flame spurt up, love to watch it come closer and closer, filling me with its warmth. »

Luis Buñuel, *My Last Breath*, 1984.
The many moods of Simon Turner.
Richmond Records.

Gainsbarre se noircit

Avec un zèle christique, Serge Gainsbourg fume et boit pour de vrai. L'éthylisme n'est pas une pose, mais une discipline.

Emploi type d'une journée : au réveil, vers onze heures, les témoins s'accordent sur ce point, Fulbert lui verse un double pastis. Sur le bar, dans des coupes d'argent, des grains de café afin de dissimuler l'odeur d'alcool.

« Mais comment fait-il, le bougre, pour se maintenir toujours en équilibre à la tête des vagues sans jamais piquer du nez? Le bon Dieu des ivrognes, sans doute », écrit un journaliste.

Justement, il ne garde pas toujours l'équilibre. Et se blesse. Un jour, il apparaît à la télévision l'œil au beurre noir et déclare avoir été victime d'une agression. En réalité, très entamé, il a pris la veille un coin de cheminée chez Jacques Wolfsohn. A *Libération*, Gérard Lefort bricole le mot « gainsbourré ». Au *Figaro Magazine*, Guillemette de Sérigné invente « gainsbourgeois ».

Ensuite, les festivités se poursuivent en compagnie de l'un ou l'autre de ses lieutenants. Par exemple avec François Ravart, ex-manager de Téléphone, devenu le producteur de son film *Stan the Flasher*.

Reconstitution historique : après-midi au Ritz, 15, place Vendôme, légende de l'industrie hôtelière. Électricité à tous les étages. Tous les raffinements qu'un prince peut souhaiter dans sa propre résidence. En dépit des difficultés, est demeuré ouvert pendant toute la durée de la Seconde Guerre mondiale. Le côté Vendôme était réservé à l'état-major allemand.

Serge Gainsbourg ne se rend pas au Ritz Health Club tel Richard Gere, mais au bar. Le meilleur daïquiri de la ville. Whisky sour. Ou chantaco sans alcool. Grand bouquet de menthe fraîche sur le bar. Alcôve à côté, harpiste. Deux paquets de Gitanes dans la main droite. Deux, de crainte gloutonne de manquer. Sa mallette Vuitton en cuir noir, avec clés, répertoire téléphonique, cartes de crédit, chèques présignés à remplir par l'autre, quarante à cinquante mille francs en liquide. Faire rire. Imitations de voix, dégaine, mimiques. Calepin de blagues, un petit carnet noir où sont notés débuts ou chutes de ses plaisanteries. Le détail est stupéfiant : il y puise des répliques, tel un comédien qui ne sortirait pas sans son texte. Tout est mise en scène, jusqu'à la signature lentement calligraphiée au bas des chèques. Il a deux écritures, l'une privée, l'autre publique. Sur les recettes de cuisine recopiées par ses soins, les caractères sont moins apprêtés que sur les documents destinés à la publication. Le métier de star est contraignant. Gainsbourg parfois au piano joue un truc très long, très triste, la valse des Capitaines ou était-ce celle des Lieutenants?

Variante. Gibbson au bar du Raphaël, trois petits oignons. Virgin mary, un bloody mary sans alcool pour les femmes. Ou champagne. Krug. Cristal Roederer.

Le soir, tournée des grands-ducs, cocktail scorpion à l'Élysée-Matignon, vodka Jet chez Olivia Valère, Keur Semba, Régine, cafés-tabacs de Pigalle au petit jour. A sept heures trente, retour rue de Verneuil. Réquisition d'un panier à salade: « Mettez la sirène. Ramenez-moi. » Ou auto-stop: « Rue de Verneuil. » En 1981, avec François Ravart et Corinne, la bassiste de Téléphone, métro. C'est trop. Gainsbourg sans ticket. A Pigalle, contrôleuses. Ouh! là! là!

Gainsbarre s'asphyxie

> A propos du saut de la mort:
> « Êtes-vous pour ou contre l'usage du filet?
> – S'il me plaît, à moi, de faire trembler de sympathie mes contemporains à la pensée que je risque ma vie pour eux, n'est-ce pas mon affaire? »
> Rose Gold, artiste de music-hall.

Le 15 mai 1973, Serge Gainsbourg est victime d'une crise cardiaque. A la stupéfaction de Jane

Birkin, il transforme son accident de santé en exhibition sensationnelle. Au bout de quelques jours, il téléphone à un ami de *France-Soir* et le convoque à l'Hôpital américain : « Il était si triste que les gens ne sachent pas qu'il était à l'hôpital. » Le 26 mai 1973, *France-Soir* lui consacre un bandeau au-dessus de la une : GAINSBOURG HOSPITALISÉ POUR CRISE CARDIAQUE. Plus tard, il l'a fait encadrer.

Les coupures de *France-Soir* soulignent qu'il consume quatre-vingts cigarettes par jour. « C'est mauvais, vous savez, la nicotine », souligne Serge Gainsbourg depuis sa chambre de l'Hôpital américain. Un mois plus tard, le quotidien photographie sa sortie. C'est l'époque baba : jean pattes d'eph' et blouson en denim, Serge Gainsbourg pose aux côtés de Jane Birkin et de son petit panier d'osier. La légende de la photo précise qu'il lui est désormais interdit de fumer.

La convalescence est prise en main par le *Journal du dimanche* (1er juillet) qui titre sur « La confession d'un cœur malade ». Là, Serge Gainsbourg revendique cent cigarettes par jour. Témérité et participation physique : un nouveau Gainsbourg est né de cette crise cardiaque, un acrobate de la voltige tabagique. La marque des cigarettes n'est jamais précisée parce que fumer des Gitanes, alors, est banal. La Gauloise et la Gitane, vingt-deux milligrammes de goudron, sont les cigarettes favorites des Français. L'année précédente, anticipant sur les tendances, la Seita a lancé sa première cigarette légère, la Gallia.

Dix ans plus tard, le comportement du FFI, le Fumeur Français Intoxiqué, dont Gainsbourg est le VRP, a changé. Les Français découvrent leur corps. Déjà 8,5 % d'entre eux adoptent les cigarettes légères. En septembre 1982, Véronique et Davina importent l'aérobique, un nouvel art de vivre, dans une émission matinale, dominicale et télévisée. Douze millions de téléspectateurs.

Dans les tranches nocturnes, Gainsbourg propose un art de mourir en direct, consumant le tabac à l'hectare. Ses cigarettes, bien qu'allégées par la Seita à quinze milligrammes de goudron, effraient ses compatriotes, qui lui préfèrent la Marlboro. A l'écran, les tabagiques repentis sont hypnotisés par le cow-boy Gainsbourg, qui s'intoxique à leur place. Fumer une Gitane, l'aventure franchouillarde, le raid Gauloise. A cette date, il exhibe le céleste paquet dans sa main gauche repliée : plus que son tabagisme, il démontre qu'il a adopté la plus toxique des marques. Une drogue dure.

Gainsbarre brûle Montand

L'affaire a fait grand bruit. On se demande pourquoi. Les provocations de Serge Gainsbourg sont souvent anodines. Gainsbourg n'est pas Pasolini. Les réactions, en revanche, sont intéressantes. L'indignation obéit à des hiérarchies spécieuses. Une blague inoffensive, fredonner *La Marseillaise* sur un rythme reggae, provoque un scandale. Lorsque Serge Gainsbourg tourne un clip cautionnant la tendresse incestueuse, au page avec sa progéniture, les images ne provoquent pas la moindre polémique.

Le 11 mars 1984, Serge Gainsbourg immole cinq cents francs à l'émission « 7 sur 7 », afin de montrer ce que lui laisse le fisc après impôts.

« Lui parti, qui d'autre osera », écrit sottement un journaliste au lendemain de sa mort. Le geste n'est guère corrosif : allumer ses cigares avec des biffetons est une farce usée. Ce n'est pas gratuit, si l'on peut dire. Il vient à point dans l'actualité.

Dans les jours qui précèdent, le comédien Yves Montand a été le présentateur didactique d'une émission symbole de ces années-là, « Vive la Crise », produite par Pascale Breugnot. Serge Gainsbourg, qui exècre Montand, reprend l'initiative.

Depuis un an, l'État a opté pour la rigueur. Le 25 mars 1983, retour de Bruxelles où il vient d'accepter la troisième dévaluation du franc depuis le 10 mai 1981, l'austère Jacques Delors a annoncé que la fête était terminée. La période est sombre : deux mille suppressions d'emplois à Talbot-Poissy en décembre 1983, plan sidérurgique en mars 1984, dépôt de bilan de Creusot-Loire en juin 1984.

Yves Montand et Serge Gainsbourg, chacun à sa manière, montent en première ligne. La trajectoire des deux comédiens-chanteurs est symétrique. Si on les passe au détecteur, la France transparaît. Chacun est en phase avec un aspect de la société d'après-guerre. Yves Montand règne par le côté diurne, aimable. Depuis *Le Salaire de la peur*, il n'incarne au cinéma que de chics types. Jamais on ne l'a vu dans un rôle de crapule ou de félon. Il n'est pas le genre à chanter *Nazi rock*. Dans les films de Claude Sautet, si populaires durant la période giscardienne, il figure le chef d'entreprise sauvant sa boîte. La France évoluant, comme Serge Gainsbourg il doit rectifier perpétuellement son jeu, qui a dérivé vers le héros humanitaire de l'ère mitterrandienne. Simone Signoret est sa Birkin : un brave gars ne s'affiche pas avec des minettes.

A l'inverse, le nocturne Gainsbourg, depuis son premier rôle de maître chanteur dans *Voulez-vous danser avec moi* de Michel Boisrond en 1959, en passant par le fourbe Corvino dans *La Révolte des esclaves*, péplum de 1961, n'a jamais joué un rôle de brave type. Il n'appose pas son nom au bas des pétitions, son image de marque excluant les bons sentiments.

Pile et face d'une même médaille, les deux ambitieux se méfient l'un de l'autre depuis leur première rencontre, huit jours après les débuts de Serge au Milord l'Arsouille.

« Qu'est-ce que tu veux, mon p'tit gars? demande Yves Montand. Tu veux faire l'auteur, le compositeur, l'interprète?

– Je veux tout », répond ingénument Serge Gainsbourg, qui ne sera pas son Francis Lemarque.

Héros positif, Yves Montand explique la rigueur au téléspectateur. Quelques jours plus tard, Serge Gainsbourg, héros négatif, montre qu'il a compris la leçon : en brûlant un billet émis par la Banque de France, il contribue à diminuer la masse monétaire...

Gainsbarre dans le saut de la mort

Médiatiquement, 1985 est une année Gainsbourg. Un disque et un spectacle à promouvoir. En mai, il grille deux billets de cinq cents francs devant les étudiants de Nancy. En juin, il participe au « Jeu de la vérité », émission de Patrick Sabatier, animateur vedette de TF1. Tous les journaux l'annoncent. Puis insistent avec un papier de commentaires. En direct, Serge Gainsbourg libelle un chèque de cent mille francs à l'ordre de Médecins sans frontières. « A tous les connards qui ne sont pas les potes de Renaud et qui gerbent sur le disque pour l'Éthiopie, je dis faites comme moi. » Provocateur bidon, il prouve ainsi sa rectitude politique. Signer le chèque puis le brûler eût été davantage corrosif.

Le 14 juillet, Serge Gainsbourg participe à la garden-party de l'Élysée, en compagnie d'une garde prétorienne composée de légionnaires d'Aubagne et de gendarmes en grand uniforme. Il croise Harlem Désir à son apogée, Joëlle Kauffmann et ses fils, le président de la République interviewé par Yves Mourousi, mais c'est lui qu'on photographie. Dans la nuit, une agence de publicité qui s'appelle... Émotion a fait monter sur les Champs-Élysées des affiches de quatre mètres sur quatre annonçant le récital au Casino de Paris, que ne peuvent manquer les spectateurs du défilé.

En août, FR3 diffuse une interview de Serge Gainsbourg par... Jane Birkin. Cinquante-sept minutes d'exhibition, un reality-show avant la lettre. L'homme est tourmenté, il souffre, on a de la peine pour lui. Venant d'enregistrer *Mon légionnaire*, il rejoint Piaf dans la déveine.

En septembre, Serge Gainsbourg passe au Casino. Une effigie de carton, six mètres de haut, mégot au bec, regard brumeux, est dressée devant la façade rénovée de la salle de spectacle. Une fumante caricature de beauf.

Les grands journaux consacrent des articles aux préparatifs du spectacle, puis aux répétitions, puis à l'annonce du spectacle pour le soir même, le 19 septembre. Et enfin des comptes rendus du spectacle.

Le Casino de Paris, ni trop vaste ni trop petit, est un écrin écarlate qui convient à merveille au chanteur. Chaque spectateur peut y scruter son visage. Depuis la préhistoire, l'établissement est spécialisé dans les attractions sensationnelles : Looping the Loop, la flèche humaine, le tourbillon de la mort en automobile – mort de Marcel Randall dans son véhicule en 1905. Une des plus extravagantes attractions du Casino est le bilboquet humain, lancée en octobre 1910 par Mauricia de Thiers. Un dispositif la jette en l'air où elle monte en virant avant de retomber quelques mètres plus loin, se fichant sur un poteau. La même année, Mlle Aboukaïa meurt sur scène dans son numéro de comète vivante.

La loge de Gainsbourg est l'objet d'un soin spécial. Des meubles précieux sont loués chez des antiquaires. D'autres arrivent de la rue de Verneuil.

Albert, son décorateur, retapisse la salle de bains. La loge est décorée de ses vieilles pochettes de disques, de photographies de ses proches, qu'il positionne lui-même. La petite pièce est impraticable. Les visiteurs, Anna Karina, Bambou ou Brigitte Bardot, y entrent deux par deux.

Serge Gainsbourg arrive vers quatre-cinq heures de l'après-midi. Trop tôt. Il passe d'abord dix minutes à remettre en place ses objets, époussetés par Voyez Mon Agent. Avant le spectacle, il prépare un cocktail pour tout le monde, avec le shaker extrait de sa mallette Vuitton.

Jacques Wolfsohn lui a communiqué sa science des cocktails. Le favori de Gainsbourg est le gibbson. Leçon de son initiateur Wolfsohn : shaker, glaçons, Noilly Prat, arroser d'une giclée rapide dans le shaker, jeter le Noilly Prat, remplir le shaker de gin, agiter, verser dans un verre. Sur un cure-dent enfiler trois petits oignons.

Pink daiquiri : un jet de sirop de grenadine. Toujours dans les cocktails verser le sucré d'abord. Un citron vert pour deux. Deux tiers de rhum – cubain, parce que c'est le meilleur. Depuis que le marchand de la rue Saint-Jacques a disparu, le Havana Club est en vente chez Fauchon. Beaucoup de glace. Ne pas agiter trop longtemps. Rien que d'en parler donne envie d'en boire.

Serge Gainsbourg, lui, ne boit pas avant ou pendant le spectacle. Un soir, il se fait servir un 102, double Pastis 51, puis demande qu'on l'emporte, sous prétexte qu'il est chaud. Déraper est sa crainte. Il l'exorcise en recrutant un cascadeur, qui chaque soir se fracasse dans le grand escalier à sa place.

12.

LA COURONNE D'ÉPINES

> « Pauvre idiote tu rêves, tu planes
> Me traites de fauché de plouc
> De minable d'abominable bouc
> Qu'importe injures un jour se dissiperont
> Comme volutes de Gitanes. »
>
> *Aéroplanes,*
> *L'Homme à la tête de chou.*

C'est la société française qui a fabriqué Gainsbarre. Lucien Ginzburg, lui, n'est qu'un interprète. Il se façonne sur le dégoût du public. Gainsbarre est le Mickey de Disneyland, à l'intérieur duquel suffoque un homme-sandwich.

Dès le succès inattendu de *La Marseillaise*, l'opinion lui indique la voie à suivre : l'infamie, la dépravation. Gainsbourg possède tous les attributs de la victime sacrificielle. Le fils de Jo d'Onde a trouvé son ultime longueur d'onde. Il joue son rôle et lui donne un nom, Gainsbarre. « Le vieux dégueulasse type », lui dit un jour Catherine Ringer, des Rita Mitsouko, sur un plateau de Canal Plus. Il se prête au jeu. Comme il s'est toujours prêté au jeu, celui des femmes et de sa mère, de la mode et du négoce de disques. Automate industriel, il anticipe le désir des autres, comme un homme politique actionné par sondage. Un homme public moderne est le produit de son public. Et rien d'autre.

Les premiers temps, après le décès de son père, le jeune Lucien Gainsbourg, fils de Caroline von Paulus, se battait à l'école maternelle avec ses jeunes condisciples. « Ton père, il est mort parce qu'il fumait-buvait trop. » Lucien rentrait couvert de bleus. Dur d'être le fils d'un héros.

Serge Gainsbourg est mort pour la France et l'édification des jeunes Français. Ses dix dernières années ont une vocation prophylactique. Dans son ultime entretien télévisé, le 14 novembre 1990, il offre un spectacle navrant. C'est un pauvre hère. Son corps est aussi déglingué que celui d'un sans-domicile-fixe, et sa panoplie de clodo lui permet à peine de dissimuler l'ampleur des dégâts. A l'agonie, il cabotine encore, jouant son rôle mécaniquement. La caméra cadre longuement le verre et les glaçons qui tintent dans la main tremblante. L'image suscite une sorte de compassion douloureuse.

Dès la nursery, on édifie les enfants sur le destin populaire de ce monsieur qui buvait-fumait trop. La mort de Serge Gainsbourg, puni en apparence par où il avait péché, est fonctionnelle. Elle remplace bien des campagnes du ministère de la Santé publique et anticipe la loi Évin, votée un an presque jour pour jour après qu'il se fut éteint.

Feu de direction, Gainsbarre surgit à l'interface du rêve adolescent et du monde bourgeois. C'est le mauvais adulte très séduisant, qui s'autorise les bêtises interdites.

A partir de *La Marseillaise*, Gainsbourg devient Serge le Vicieux et livre un peccamineux catalogue Manufrance : le matricide (*La Marseillaise*, hymne à la mère patrie violentée par des Blacks), l'inceste (*Lemon Incest*, *Charlotte for ever*), la zoophilie (interview du journaliste Bayon dans *Libération* [1]), l'abus de substances nocives (alcool-tabac) et même le

1. *Libération*, 19 septembre 1984.

Klein d'œil hermaphrodite, puis homosexuel (la reprise du *Légionnaire* de Marguerite Monnot). Rien ne manque dans ce catalogue de transgressions « légères », comme on dit d'une cigarette.

Il tient son public avec un snobisme à rebours : l'art de l'abjection, de la turpitude édulcorée, « soft ». Neutralisée.

Les graves, ceux qui échappent à toute manipulation, vont en prison. L'apogée de Gainsbarre coïncide avec celle d'Action directe. Rebelles durs, ils sont incapables de devenir des fournisseurs patentés de la télévision et du merchandising.

La peuplade française a suscité Gainsbarre afin d'en faire un bouc émissaire. De nombreuses ethnies ont nourri des personnages chargés de tous leurs péchés, toujours sélectionnés en marge du groupe, pour les sacrifier à des fins purificatrices.

Serge Gainsbourg n'est pas conscient de ce qui lui arrive. Son intelligence astucieuse arrive en fin de course, épuisée par l'alcool et la maladie. Comme les pièces d'or que découvre Robinson sur l'île déserte, la célébrité ne lui sert à rien.

Lors d'une crise de delirium, racontée par Caroline von Paulus, Serge Gainsbourg hallucine. Il imagine qu'on lui lance des poignards, qu'il tente d'éviter avec les mains. Sa longanimité rappelle celle du héros de sa jeunesse, le saint Sébastien du Louvre, athlète du supplice, extatique et fléché. Sébastien, né de père narbonnais et de mère milanaise, était un soldat romain de l'armée de Dioclétien. Chrétien, on le conduisit au champ de Mars, où il fut exécuté par des archers et laissé pour mort. Il survécut à ce premier supplice et proclama sa foi à la face de l'empereur. Celui-ci le fit bastonner et jeta son cadavre dans le grand égout collecteur de Rome, la Cloaca Maxima. Le culte de saint Sébastien fut revivifié au Moyen Age, où son intercession suspendit une épidémie de peste. Ayant survécu au supplice, Sébastien protège de la peste noire, de la peur noire de la peste noire, de toutes les peurs obscures.

En apparence, Serge Gainsbourg s'est autodétruit. L'explication psychologique peut suffire : Serge Gainsbourg est en effet un être suicidaire. Peut-être confond-on le moyen et la cause. C'est parce qu'il est suicidaire et cabot que Gainsbourg fait don de son corps à la société française. C'est vivant que Gainsbourg est tombé dans la Cloaca Maxima. Il y a de la *fatwa*, du meurtre collectif, dans la fin de ce bienfaiteur.

Les coupures de presse conservent les premières traces de la lapidation. Ses provocations, désormais, ennuient. Le 28 mars 1988, le compte rendu de son spectacle au Zénith dans le journal *Libération*, la *Pravda* de l'époque, est titré « Divorce ». Le chroniqueur est agacé par ses numéros de Zavatta des bars-tabacs : « Le cendrier, une sorte d'urne où dansent les Gitanes sur sa mort lente, est grossièrement mis en évidence. A chaque fin de chanson, pour mieux souligner qu'il crache à la gueule de tous les cancers, il en rallume une dans un rond de lumière blanche. Mais, à l'évidence, il n'aspire que deux ou trois fois, sans avaler la fumée. » Le grand mot est lâché, pour la première fois de sa vie : « on se lasse ». Pour un égocentrique, c'est la fin. Serge Gainsbourg est catégorique : « S'il n'y a plus rien à ajouter au personnage, je me sers une bastos. Salut les copains. »

Les adolescents se goinfrent de héros adoptant de succulentes conduites dangereuses. Le taux de mortalité dans le rock and roll est élevé. Les renommées intercontinentales, des Stones à Pink Floyd, se paient souvent d'un martyre.

Sid Vicious ne doit pas sa légende à sa chétive œuvre musicale, mais à sa conduite : il se drogue, assassine sa petite amie. Le scénario devient édifiant lorsqu'il meurt à son tour. Et l'œuvre de Cyril Collard n'est ni cinématographique ni littéraire mais de salubrité publique : son film autobiographique suivi de sa mort rapide incitent au port du préservatif. Imitant Zippo et Polygram qui ont lancé un briquet Gainsbarre célébrant les infarctus de Lucien Ginzburg, la maison Prophyltex pourrait commercialiser un préservatif Collard.

Quand l'un se drogue, ou boit, en un mot s'expose, il faut qu'il meure ou se repente en public. La mort est salvatrice : elle restaure l'ordre social, celui des adultes. Ceux-ci redoutent l'adolescence, passe dangereuse, où les plus frêles s'abîment. Le suicide, en France, emporte quarante mille jeunes personnes chaque année. L'hybride adolescentin, ni enfant manipulable, ni adulte policé, est inquiétant. Au-delà du dandysme ou de l'attitude, les figures noires du rock ont une saine fonction : à l'image du chaman, en consommant des poisons, elles immunisent le corps social.

Serge Gainsbourg ne menace pas l'ordre bourgeois, il le protège. Avec sa mort, tout rentre dans l'ordre. La morale est victorieuse : être « parricide », jouer avec l'inceste, trop fumer ou boire, cela finit mal. Le vice est annulé par la vertu, l'ordre adulte a le dernier mot.

Si le héros du rock résiste un peu, on l'aide à se mettre dans la peau de son rôle.

Interview-échantillon de Stuart Staples, le chanteur assez alcoolique des Tindersticks, publiée dans les *Inrockuptibles* de novembre 1993 :

« Tu n'es pas attiré par les à-côtés du rock, les longues soirées d'alcool, les groupies?

– Avec le temps, je suis en train de devenir une caricature de ce monde souterrain que je détestais il y a quelques années. Mais comment l'éviter? Comment, à l'issue d'un concert, refuser l'invitation du poivrot local qui t'invite à partager sa bouteille de vodka ? »

Les « poivrots locaux » qui ont le plus encouragé les goûts de Serge Gainsbourg dans le dernier segment de sa vie sont les flics du 7e arrondissement. Des représentants de l'ordre. Ils l'ont initié au pastis. Débarquant à l'improviste rue de Verneuil, ils viennent jouer aux échecs avec lui. Dans une fiction, le bouc émissaire ravitaillé par les représentants de l'ordre, cela paraîtrait invraisemblable. Nous ne sommes pas ici dans un univers romanesque, mais dans une enquête sur la France fin de siècle. Serge Gainsbourg a cherché cette mort autant qu'elle est venue le chercher, à domicile.

Après son intervention chirurgicale en avril 1989, le truc tourne au délire. Dans les quotidiens, les spécialistes de la rubrique médicale commentent les suites opératoires avec une délectation stupéfiante. Dans *Le Figaro* du 15 avril, le docteur Monique Vigy s'y colle dans un encadré : « Pour les spécialistes des maladies du foie, l'ablation d'une partie du foie – hépatectomie partielle – est une intervention courante en chirurgie abdominale », etc.

Plus précis, *France-Soir* détaille les symptômes cancéreux après cette introduction : « Ce sont bien entendu les deux vices de Gainsbarre (alcool et tabac) que Gainsbourg paie à Beaujon. » La finalité du personnage, « bien entendu », est de payer. « Cirrhose, cancer du foie, diabète, cécité, insuffisance respiratoire, complications pulmonaires... La danse macabre des pathologies fonde les inquiétudes les plus graves quant à l'avenir du malade », écrit *France-Soir* le 15 avril 1989, à propos d'un être encore bien vivant.

A sa mort, Serge Gainsbourg devient objet de vénération. Le cercueil d'acajou est exposé au funérarium du mont Valérien. Sur une table basse, des paquets de Gitanes. Un décapsuleur. Une cruche. Des dizaines de mots soigneusement pliés.

A la télévision, lors des premières cérémonies anniversaires de sa disparition, c'est sa propre marionnette qui présente l'émission, renforçant le caractère païen de la commémoration. L'effigie est hideuse, repoussante comme certains masques de sorciers nègres.

13.

L'ESPÉRANCE

« Les nécros sont prêtes, moi non. Rendre l'âme, d'accord, mais à qui ? »

Serge Gainsbourg,
Le Nouvel Observateur, 3 mai 1990.

Christian's name is Christian

Au-dessus de la vallée de la Cure, la basilique de la Madeleine se profile entre les bouteilles du bar, qui forment devant la baie vitrée un chemin de croix. C'est ainsi que Serge Gainsbourg l'a contemplée durant un mois, depuis le bar de l'hôtel de l'Espérance. Les étagères en verre lui imposent la rétrospective d'une vie d'alcools, du Glenmorangie et du bourbon qu'il consommait dans les années 50 à L'Épi d'Or, avec Christian de La Mazière ou Sylvie Rivet, aux Pimm's, Campari, liqueur de banane, Peppermint Jet qui ont eu sa préférence plus tard. Et, comme posée sur l'étagère du haut, la Madeleine, façon miniature-souvenir.

Serge Gainsbourg a pris Vézelay à rebours, bien sûr. Il a débarqué en taxi le 1er décembre 1990 à l'hôtel de l'Espérance, à Saint-Père. Vézelay se trouve à deux cent vingt-huit kilomètres de Paris. Autoroute A6, sortie Nitry, D32 jusqu'à Voutenay, N6 puis D951, vers Vézelay. Dans le village d'Asquins, peinte sur une façade de la route nationale, une immense bouteille de vin Préfontaines un peu délavée indique la direction enivrante de Vézelay. Elle lui rappelle peut-être le gros rouge avec lequel il s'initia à l'alcool, durant son service militaire à la caserne Charras de Courbevoie. Saint-Père-sous-Vézelay est à trois kilomètres en contrebas.

L'Espérance est une bulle écosystème posée sur un pan de campagne française démilitarisée, de type magazine pour le troisième âge. A température constante, on y contemple des arbres verts, de toutes sortes de verts : clairs, foncés, entre les deux. La bâtisse d'origine a été surélevée et flanquée d'une verrière métallique : l'extension évoque une maison de postcure. On y vient, sans faim, pour manger. Trois étoiles au firmament Michelin. Le chef, de l'espèce des « stars de la gastronomie », y batifole en blouse blanche tel un chirurgien-dentiste (réputé). Possède le stylo Montblanc des amateurs d'ascension sociale, ressemble un peu à Yves Montand. Accorde des interviews télévisées le dimanche afin de ne rien celer de sa notoriété aux notables régionaux qu'il apéritive d'autorité. Ignorer le patronyme du chef est impossible : son nom est inscrit sur la façade, gravé sur le manche des cassolettes en cuivre, sur le catalogue de la boutique Marc Meneau posé sur chaque table. Sur le beurrier il a taggé : « J'utilise ce beurre qui est un des meilleurs du monde. Signé Marc Meneau. » Bien lisible dans *Paris-Match*, en mars 1991, au cimetière Montparnasse, une couronne à ses armoiries déposée sur la tombe fraîche de Serge Gainsbourg.

« Il nous manque », psalmodie son épouse, Françoise Meneau, aussitôt qu'on évoque le chanteur. C'est une blonde avec bracelets d'inox façon appareil électroménager, qui paraphrase Christine

Ockrent, coiffure et dialogues. « Il nous manque » est la réplique automatique des téléviseurs, dont des mots auréolés tels que « Gainsbourg », « Coluche » ou « l'abbé Pierre » déclenchent la mécanique idolâtre. Le « nous » du bigotisme cathodique laisse songeur.

Recevoir un client insolite, en réalité, a d'abord inquiété la soigneuse hôtelière. Elle avait tort. Serge Gainsbourg est plus maniaque qu'elle. Il a préparé son séjour avec un soin de fétichiste, multipliant les interrogatoires au téléphone. Elle a fini par lui envoyer le dessin de sa chambre. Dans sa « suite » à la Marie-Antoinette, poutres apparentes au milieu d'un verger, Gainsbourg a fait transporter des objets personnels, recomposant comme de coutume sa châsse. Officiellement, il élaborait son prochain album, *Christian's name is Christian*. Le négoce discographique s'impatientait. Dans le verger, depuis son départ, a poussé une série de baraquements néo-Algeco. Une annexe pour les pauvres : « Menu pèlerin, 80 francs ».

« Dans l'état où il était, à moitié crevé, allumant une Gitane après l'autre, respirant à peine et ne disposant plus que de la moitié de son foie, il est peu sorti [1] », écrit Jules Roy, qui a fait sa connaissance le 3 décembre, à l'occasion de la fête de la Saint-Cochon. Sur les photographies publiées par *Match*, et qui datent de l'été précédent, on scrute la décrépitude. Il se déplace avec une canne. L'ombre de Gainsbourg. Meurtri, il était exténué. « A Vézelay, le mois de décembre a été doux, un peu venteux, avec des embellies. Récemment il a plu », note Jules Roy. Serge Gainsbourg n'en profite guère : il ne grimpe jamais jusqu'à Vézelay.

Le midi et le soir, il s'attable à la même place sous la verrière glaçante de Biosphère 2, au milieu des

1. Jules Roy, *Vézelay ou l'Amour fou*, Albin Michel, 1992.

tapisseries rococo et des fleurs en plastique dressées sur des colonnes Caesar's Palace. Qui lui a indiqué pareille adresse? Le restaurateur Sormani, 75017 Paris. Serge Gainsbourg est davantage un exégète du *Guide des relais et châteaux* que de *L'Imitation de Jésus-Christ* ou de *La Légende dorée*. Que L'Espérance ait accueilli le prince Charles, héritier de la couronne d'Angleterre, lui importe sans doute davantage que de savoir que Vézelay fut le rendez-vous des saints, des rois, des héros. Les fiasques du bar étaient ses cairns. Le rocher est un des quatre points de départ de la route de Compostelle. Saint Bernard y a prêché la croisade. Philippe Auguste et Richard Cœur de Lion y ont réuni leurs armées avant de partir pour Jérusalem. Saint Louis, trois ans avant de mourir croisé, est venu pour la dernière fois honorer la Repentie. Et trois ans avant de se suicider, au moment où Gainsbourg y séjourne, Pierre Bérégovoy y a mangé la brochette de truffes rôtie au lard, le ris de veau sur un lit de cresson, les framboises chaudes du proche village de Montillot. Serge Gainsbourg trouve la force de jouer son personnage. A la fin du repas, une bouteille de champagne rapproche les deux hommes. Au ministre des Finances, le chanteur confie qu'il est heureux de payer des impôts. « Pendant les trente premières années de ma vie, la société m'a entretenu. Je peux bien assumer les autres maintenant. » La confrérie des chauffeurs de taxi, celles des éboueurs et des serveurs ont en effet prospéré à son contact.

Dans ce décor, Serge Gainsbourg n'est pas dépaysé. Peut-être retrouve-t-il l'atmosphère des pianos-bars de son enfance, des hôtels-restaurants dont Joseph faisait la saison. Dans un coin, il y a un piano Young Chan surmonté d'une Porsche (ou une chose approchante) en cristal derrière lequel il s'installe parfois pour une aubade. Il y est venu au mois d'août, y demeurant un mois, et s'y est assez plu pour revenir en décembre.

A L'Espérance, on absorbe des nourritures pas faciles. Par exemple du foie gras sous une coupole de caramel au poivre. A regarder, c'est fort joli. Le maître d'hôtel survient, il porte une alliance Cartier. Telle une horloge parlante robotique ou un infirmier en gériatrie : « Branler d'un coup sec avec couteau pour briser croûte caramel. Manger ensemble foie gras, caramel, fenouil. » Une cuisine faite pour griser. Avec artifices ébahissants. Ensuite, on peut perdre le sens critique, devenir idiot, croire qu'on accède à une sphère supérieure.

Ou, écœuré par les mixtures bluffantes, avoir l'appétit coupé. Qu'une chose minuscule provoque un malaise et la machine se grippe. Avec son talkie-walkie, Marc Meneau peut prescrire une lubrification intensive du récalcitrant par déluge capricant d'amuse-gueule et de petits fours, rien ne passe plus, pour paraphraser son expression favorite (« Ça va? Ça passe bien? »). Ni le miel à l'acacia qui corrompt la fraîcheur d'un pamplemousse, ni le canard à la Duconneau et les crapauds frits à la farce Satrape, ni même le thé de Chine subitement âpre et le sel des Landes de Guerrelasse (Loire-Atlantique).

Serge Gainsbourg, c'est le plus curieux de ses mœurs, est en matière gastronomique un barbare. Les nourritures savantes du chef, il les gerbe. Aussitôt le repas achevé, il se rend dans les toilettes au premier étage : deux doigts dans la gorge. L'atroce mortification est ancienne : chaque jour de sa vie depuis longtemps, il se livre à des ablutions homicides. Comme s'il avait envers lui-même une haine organique. Officiellement, il se donne la discipline afin de préserver sa sveltesse. Chez lui comme au restaurant, il vomit ses repas. Lorsque Bambou lui prépare une légère cuisine vietnamienne, il gerbe aussi afin de pouvoir s'offrir un deuxième service. Une hygiène évoquée dès *L'Homme à la tête de chou.*

> Puis traînant mes baskets
> Je m'allais enfermer dans les water-closets
> Où là je vomissais mon alcool et ma haine.

Serge Gainsbourg fait cela très proprement et nul ne l'en soupçonne à l'Espérance. Il s'exècre avec discrétion.

De Saint-Père, on se trouve au fond d'une cale de radoub, l'ombre de la basilique surplombant le village. L'idéal pour un échouage. Il n'y a rien à faire. Gainsbourg se fait livrer un décodeur de Canal Plus. C'est l'époque de la guerre du Golfe. Opération Tempête du désert. Effroi et apocalypse. Saddam Hussein, Marine Jacquemin, général Schwartzkopf, Bassora ville martyre. Il zappe seul dans sa chambre, approvisionné par des caméras qui filment des présentateurs vedettes. Ces derniers temps, avec le producteur François Ravart, il veut adapter *Robinson Crusoé.* En 1958, sur la pochette promo de l'album *Du chant à la une,* à la question « Si vous n'aviez pas été vous, qui auriez-vous aimé être? », il désigne d'abord sans réfléchir le marquis de Sade, puis, après réflexion, Robinson. Des réponses qui, à distance, prennent elles aussi un caractère prémonitoire. Il connaît par cœur certains passages du *Journal de l'année de la peste* de Defoe. Christophe Lambert sera Robinson. Torse nu, en pantalon militaire kaki, il sera d'abord filmé la tête dans le sable. Le naufrage du navire, au début du film, sera symbolisé par le bruit d'une explosion. Un vieux projet : déjà, à cinquante ans, il voulait adapter *Robinson* en comédie musicale. « Mais je me suis rendu compte que ce personnage était antipathique. » Un misanthrope tombé dans la déréliction, qui creuse seul sa tombe.

Serge Gainsbourg robinsonne à la campagne. Le 23 décembre, Thomas Dutronc, fils de, est venu lui rendre visite. Il est parti de chez ses parents à neuf heures quarante-cinq et la course a coûté mille neuf cents francs. Sur sa note de taxi figure la signature tremblante de Serge Gainsbourg, comme un ultime autographe.

Gainsbourg fête Noël à Saint-Père. Vézelay est un lieu parfait pour célébrer le solstice d'hiver, la colline est un ancien lieu de vénération cosmique. Avant la basilique, comme posée sur une piste aztèque, se dressait un temple voué à Janus. A la Nativité, Dieu donne son fils au monde afin de le sortir des ténèbres. Après le solstice d'hiver qui marque le jour le plus bref de l'année, les chrétiens célèbrent l'obscurité qui recule, les jours qui rallongent. « La Création nous donne ainsi le sens de la fête : le péché, que l'Écriture compare aux ténèbres, après avoir atteint son paroxysme est détruit par l'apparition du Christ, Lumière véritable », explique la plaquette de la basilique.

Serge Gainsbourg fait la lumière à sa manière. Chez Ruggieri, il passe commande d'un feu d'artifice qu'il offre aux quatre cents citoyens de Saint-Père-sous-Vézelay, « dont ceux de Vézelay ont pu profiter s'ils ont daigné regarder, du haut de leur rocher, ce qui se passe en bas », consigne Jules Roy.

Le 1er janvier 1991, Serge Gainsbourg, Bambou et Lulu déjeunent chez Jules Roy et sa femme Tania, vedettes de Vézelay, dans leur maison-couvent qui fait face à la basilique. En fin d'après-midi, alors que l'église est embrasée de soleil, on lui propose d'aller visiter la Madeleine. « Qu'on lui dise que ce monument a été élevé en l'honneur d'une ancienne courtisane l'épate, l'éblouit. Il lorgne ça un peu de travers, comme à la dérobée, un peu tremblant. Pour

lui, c'est quelque chose de fantastique, d'inouï [1]. »
Pour nous aussi, la scène a quelque chose de fantastique : Serge Gainsbourg achève sa vie aux pieds d'une pécheresse.

Il sort avec Bambou et Lulu, s'approche du portail mais n'entre pas. Jules Roy assure qu'il a peur. Peur du mystère de ce lieu sacré et satanique à la fois, qui l'attire et l'effraie. « Il parlait souvent de cette basilique. Il n'a pas eu le courage surhumain d'entrer », dit Jules Roy. En apparence, Serge Gainsbourg n'entretient guère de relations avec Dieu.

Croire aux cieux croire aux dieux
Même quand tout vous semble odieux
Se dire qu'il y a over the rainbow
Toujours plus haut le soleil radieux,

écrit-il fadement, avançant sous le masque de Jane Birkin. Mince comme profession de foi. Lorsque Serge Gainsbourg, et c'est exceptionnel, dévoile ce qui le touche intimement, il est mièvre, emprunté. Son savoir-faire se délite. L'exhibitionnisme de Serge Gainsbourg travestit l'extrême réserve de Lucien Ginzburg.

Tania, la femme de Jules Roy, que des origines russes rapprochaient de Gainsbourg, avance une explication plus simple : il n'est pas entré dans la basilique parce qu'il était très fatigué, qu'il avait froid, pieds nus dans ses Repetto en hiver, qu'il était las, qu'il se sentait mourir, peut-être.

Un autocar rembarque une cargaison d'adolescents très Renouveau charismatique. Dans la basilique, on croise des moines coquets, qui semblent sortis des carnets d'un styliste japonais. Au début, l'édifice paraît sombre. L'obscurité est calculée. Lorsqu'on quitte le narthex, on avance vers la clarté.

1. Jules Roy, *op. cit.*

Polie comme un très vieux coquillage, la Madeleine est un rêve de lumière fossilisé. Grattée jusqu'à l'os, la pierre des arcs-boutants fuse vers un ciel impassible, administré par Météo-France.

Serge Gainsbourg est redescendu à Saint-Père, à L'Espérance, dont il a fait la fermeture.

HAGIOGRAPHIE D'UN MOYEN PÉCHEUR

> « Les bourgeois ne se doutent guère que nous leur servons notre cœur. La race des gladiateurs n'est pas morte. Tout artiste en est un. Il amuse le public avec ses agonies. »
>
> Flaubert, cité par Iggy Pop.

Lucien Ginzburg s'est éteint le 3 mars 1991 chez lui. Rare, pour un homme moderne. Rue de Verneuil, sur le répondeur téléphonique, sa voix, durant quelques heures, a diffusé son ultime message : « Être, ne pas être. Question. Réponse. »

Toutes ces portes que les Gainsbourg n'osent franchir, la clé livrée par Jacques Wolfsohn au début de cette enquête les ouvre... Longtemps je me suis demandé ce que signifiait ce livre donné par Wolfsohn, retournant son titre, *Les Saints et les stars*, comme un rébus. Derrière Huysmans et les poètes décadents, le destin de Serge Gainsbourg reproduit celui des saintes du XIXe siècle, Bernadette Soubirous, Catherine Labouré. Ces humbles gamines ont fait un don total de leur personne à l'Église. A l'une une apparition de la Vierge. A l'autre la maquette d'une... médaille miraculeuse communiquée par l'Immaculée Conception.

Les filles de l'Église poursuivent le reste de leur vie dans une relégation misérable. « Sainte du devoir d'État et du silence », l'une sera exilée jusqu'à sa mort dans un asile de vieillards. L'autre, cloîtrée, mourra à trente-cinq ans. Grâce à elles, Lourdes est la première ville touristique de France et la chapelle Notre-Dame-de-la-Médaille-Miraculeuse, 140, rue du Bac à Paris, avec sa sainte momifiée et ses distributeurs de grigris à cinq francs, une affaire en or.

La Sacem va bien, l'Église de gainsbourologie aussi, qui veillent sur le dogme et les prébendes. Rue de Verneuil, chaque semaine depuis sa disparition, arrivent trois à quatre lettres adressées à Serge Gainsbourg.

A l'intérieur de Gainsbarre, un être vivant s'est débattu avec une terrible bravoure. Un humain sans identité qui respirait encore péniblement, se rechargeant d'alcool et de tabac.

On peut être un martyr sans être un saint.

GÉNÉRIQUE

Joseph Ginzburg, le père.

Olga Ginzburg, la mère.

Jacqueline Ginzburg, la sœur aînée.

Liliane Ginzburg, la sœur jumelle.

Élisabeth Levitsky, première épouse de Serge Gainsbourg.

Françoise Pancrazzi, dite Béatrice, seconde épouse de Serge Gainsbourg.

Jane Birkin, troisième compagne officielle de Serge Gainsbourg.

Caroline von Paulus, dite Bambou, dernière compagne de Serge Gainsbourg.

Natacha Ginzburg, fille aînée de Serge Gainsbourg et de Françoise Pancrazzi.

Paul Ginzburg, fils aîné de Serge Gainsbourg et de Françoise Pancrazzi.

Charlotte Ginzburg, fille de Jane Birkin et de Serge Gainsbourg.

Kate Barry, fille de John Barry et de Jane Birkin.

Lucien Ginzburg, fils de Caroline von Paulus et de Serge Gainsbourg.

Jacques Wolfsohn, l'ami.

Andrew Birkin, frère de Jane B.

BIBLIOGRAPHIE

Gilles Verlant, *Gainsbourg,* Albin Michel, éd. 1991 et 1992.

Alain Coelho et Franck Lhomeau, *Gainsbourg,* Denoël, 1987.

Yves Salgues, *Gainsbourg,* Jean-Claude Lattès, 1991.

Micheline de Pierrefeu et Jean-Claude Maillard, *Gainsbourg,* Bréa Éditions, 1980.

Lucien Rioux, *Gainsbourg,* Seghers, éd. 1969 et 1985.

Lucien Rioux, *50 ans de chanson française,* L'Archipel, 1992.

Françoise Hardy et Anne-Marie Simond, *Entre les lignes entre les signes,* RMC Éditions, 1986.

Serge Gainsbourg, *Au pays des malices,* Le Temps Singulier, 1980.

Jon Savage, *England's Dreaming. Sex Pistols and Punk Rock,* Faber and Faber, Londres.

Richard Meltzer, *The Aesthetics of Rock,* Dacapo Press, New York.

Yves Adrien, *Novovision,* 1979.

Patrick Eudeline, *L'Aventure punk,* Sagittaire, 1977.

Alain Pacadis, *Un jeune homme chic,* Sagittaire, 1978.

Serge Gainsbourg, *Evguénie Sokolov,* Gallimard, 1980.

Frank Maubert, *Voyeur de première,* éd. Mentha, 1992.

Pierre Mac Orlan, *Mémoires en chansons,* Gallimard, 1965.

Jules Roy, *Vézelay ou l'Amour fou,* Albin Michel, 1992.

Serge Gainsbourg, *Mon propre rôle,* vol. 1 et 2, Denoël, 1987.

Catherine Rihoit, *Brigitte Bardot,* Orban, 1986.

Jules Roy, *Rostropovitch, Gainsbourg et Dieu*, Albin Michel, 1991.
Philippe Boggio, *Boris Vian*, Flammarion, 1993.
Serge Gainsbourg, *Melody Nelson*, Eric Losfeld, 1971.
Serge Gainsbourg, *Bambou et les poupées*, Filipacchi, 1987.
J.-Ph. Thomann, *Jane Birkin*, éd. PAC, 1979.
Françoise Hardy, *Notes secrètes*, Albin Michel, 1991.
Serge Gainsbourg et Jacques Arnaud, *Blackout*, Les Humanoïdes associés, 1983.
Jules Combarieu, *La Musique et la Magie*, A. Picard, 1909.

Et les collections de *France-Soir, L'Aurore, Le Canard enchaîné, Combat, Elle, Marie-Claire, Libération, L'Événement du jeudi, Le Nouvel Observateur, Best, Rock & Folk, Le Figaro, Le Matin de Paris, Le Soleil de Dakar, Salut les Copains, Le Journal de Genève, Extra, Façade, The Sunday Times, La Presse du Cameroun, Juke-Box, Keyboards, Façade* et les Archives de l'INA.

CHANSONS

Ecce homo, © Melody Nelson
Les Papillons noirs
Les Femmes des uns sous le corps des autres © Warner/ Chapell Music France
Oversea Telegramm
L'Hippopodame © Melody Nelson
Elisa © Bagatelle/Melody Nelson
Poupée de cire, poupée de son © Bagatelle
Teenie Weenie Boppie © Bagatelle/Melody Nelson
L'Appareil à sous © Chappell/Intersong M.G.
Bubble Gum © Bagatelle
Bambou © Melody Nelson/Aco
Jane B. © Bagatelle
C'est la vie qui veut ça © Melody Nelson
Nous nous sommes dit tu
Le Télégramme
Lemon Incest
Initials B.B. © Bagatelle/Melody Nelson
L'Anamour © Bagatelle/Melody Nelson

Ex-fan des sixties © Melody Nelson
Chez Max coiffeur pour hommes © Melody Nelson
Nazi Rock © Warner/Chapell Music France
Qui est in, qui est out © Sidonie
Betty Jane Rose
Aeroplanes © Melody Nelson
Premiers symptômes © Melody Nelson

REMERCIEMENTS

Jean-Paul Kauffmann et Jacques Wolfsohn.

Fulbert Ribeaut.

Yves Adrien, Paul Alt, Thierry Ardisson, Michèle Arnaud, Kate Barry, François Baschet, le taxi Beber, Brigitte Bertholier, Jane Birkin, Dominique Blanc-Francart, Denis Bourgeois, Jacques Canetti, Alain Coelho, Michel Colombier, Bubu de Comminges, Laurent Dispot, Christian Eudeline, M. Flaviot, Jacqueline Gainsbourg, Philippe Gérard, Florence Grosjean, Mireille Guillaume, Alain Goraguer (pour ses lapins), Arthur Greenslade, Pierre Grimblat, Françoise Hardy, Élisabeth Hullin, Jacky Jakubowicz, Philippe Kroutchey, Bertrand de Labbey, cabinet Lagaillarde and Partners, Louis Laibe, Philippe Lançon, Rose Léandry, Gérhard Lehner, Philippe Lerichomme, Laurence Madrelle, Frank Maubert, Christian de La Mazière, Georges Meyerstein, Vincent Palmer, Françoise Pancrazzi, Leo Parus, Caroline von Paulus, Vitorio Perotta, François Ravard, Gilles Riberolles, Sylvie Rivet, Frédéric Sanchez, Maria Sandrini, le service de presse de la Seita, Raphaël Sorin, Jean-William Thoury, Romain Tonazzi, Jean-Claude Vannier (pour ses dérobades), David Whitaker, Nicole Winckelman.

TABLE DES MATIÈRES

Cet ouvrage a été réalisé par la
SOCIÉTÉ NOUVELLE FIRMIN-DIDOT
Mesnil-sur-l'Estrée
pour le compte des Éditions Flammarion
en mai 1994

Imprimé en France
Dépôt légal : juin 1994
N° d'édition : 15224 – N° d'impression : 26889